쑥쑥 자라나는 인지사고력

쑥쑥 자라나는 인지사고력 작업기억 워크북은 웩슬러 지능검사 및 CHC 다중지능 이론, 뇌 가소성 원리를 토대로 하여 제작하였습니다. 웩슬러 지능검사는 세계 여러 나라의 아동 및 청소년의 인지능력 평가 분야에서 가장 널리 사용되는 검사입니다(인지학습 심리검사의 이해 2019, 박창호). 한국 웩슬러 유아지능검사(K-WPPSI-IV) 및 한국 웩슬러 아동지능검사(K-WISC-V)에서는 숫자, 순차연결, 그림기억하기 소검사를 통해 작업기억 인지능력을 측정합니다.

'작업기억'이란 단기기억을 바탕으로 빠른 시간 안에 시각적&청각적 정보를 처리하는 인지기제 입니다. 작업기억 인지능력은 시지각 작업기억과 청지각 작업기억으로 나눌 수 있습니다. 시지각 작업기억 인지능력이란 제한 시간 내에 그림을 잘 보고 기억하는 것이며, 청지각 작업기억 인지능력은 이야기를 잘 듣고, 이야기를 기억하는 것입니다.

작업기억이 높은 아동은 주의력이 높고, 자기조절을 할 수 있으며, 문제를 구조화해서 해결합니다. 반면에 작업기억이 낮은 아동은 지시사항이나 다음으로 해야 할 일을 자주 잊어버리고, 상대방이 말한 내용에 대해 기억하지 못해서 대화에 참여하는 것에 어려움을 겪는 경우가 있습니다. 또한 낮은 주의력과 충동성으로 인해 주어진 과제를 끝까지 수행하는 것이 어려움을 느낍니다.

쑥쑥 자라나는 인지사고력 작업기억 워크북은 유아 및 아동을 대상으로 구성했으나, 아동의 인지수준에 맞춰 특별한 제약 없이도 활용 가능합니다. 작업기억 및 주의력에 어려움이 있는 아동에게 도움이 되길 바랍니다.

마지막으로 쑥쑥 자라나는 인지사고력 작업기억 삼각대와 워크북을 출간될 수 있도록 도움을 주신 파라다이스 복지재단과 계원예술대학교, 빤짝이 캐릭터를 개발해주신 송유경 미술치료사 선생님, 티나샘의 캐릭터를 개발해주신 연드로우 일러스트 작가님, 추천사를 써주신 이수은, 신경아, 유란경 선생님께 감사합니다.

2024년 11월 20일 유희수

  십여 년이 넘게 언어재활사로 일을 하며 해를 거듭할수록 인지와 언어는 서로 절대 뗄 수 없는 사이라고 생각하며 아이들과 성인들을 다양하게 만나왔습니다. 인지치료사 유희수 선생님이 매번 근거 기반의 다양한 자료를 만들어 실제 임상에서 사용하시는 모습이 너무 인상깊었는데, 이렇게 멋진 교재로 출간이 된다고 하니 너무 기다려집니다. 인지치료 뿐만 아니라 언어치료 현장에서도 의미 있게 사용될 수 있을거라 기대되는 교재입니다. 다양한 임상 현장에서 선생님께서 출간하시는 교재를 많은 관련 선생님들께서 활용하실 수 있길 기대해 봅니다.
- 이수은 / 혜전대학교 언어치료학과 겸임교수 및 이화여대 언어병리학과 박사 수료

  인지치료사&특수교사로 학생들을 가르치며, 워크북과 교구의 필요성을 절실히 느꼈습니다. 마침 별처럼 반짝이는 유희수 선생님께서 교육 현장에서 체계적으로 사용하기 좋은 책을 출간하신다니 기대가 큽니다. 학교 현장에서, 치료실에서 그리고 각 과정에서 유희수 선생님이 제작하신 워크북과 교구들이 학생들에게 새로운 배움의 가능성을 열어주길 소망합니다.
- 신경아 / 저자 (저서: 좌충우돌 미국의 통합교육 이야기, 좌충우돌 위기교실과 위기학생 관리하기)

  통합수업을 하는 교실에서 아이들을 가르치다 보면 장애가 있는 친구 뿐 아니라 일반 학생들에게도 인지와 언어 지도가 개별적으로 필요하다는 생각을 많이 하게 됩니다. 아이들에게 필요한 인지와 언어 사용을 연습하는 도구가 교구와 워크북으로 나온다면 교실에서 훨씬 많은 도움을 받을 수 있을 것 같아서 많이 기대됩니다. 인지치료나 언어치료 뿐 아니라 일반 초등학교 교실에서도 유익하게 사용할 수 있는 자료가 많아 유희수 선생님 의 책을 어서 만나보고 싶습니다. 인지와 언어 관련해서 다양한 어려움을 호소하는 아이들을 위해 책이 의미 있게 사용될거라 기대됩니다.
- 유란경 / 중앙기독초등학교 교사

저자 소개

저자	유희수 (Tina 쌤)

학력 및 논문

학사 : 백석대 아동복지 (사회복지) / 원광디지털 사이버대 언어치료 전공
석사 : 건국대 대학원 미술치료 전공

저서

코챈스 WISC 워크북

경력사항

현 성모바른 아동발달센터 인지치료사
현 평택장애아동 발달재활지원센터 인지치료사
현 브솔복지재단 인지치료사
전 YBM 러닝트리 놀이학교 교사
전 수인재 두뇌과학센터 인지치료사
전 늘봄 아동발달센터 인지치료사

자격증 및 수료

인지학습지도사 2급 (한국정신건강심리학회)
인지행동심리 상담사 2급 (한국정신건강심리학회)
브레인 바이오 피드백 트레이너 3급 (한국뇌파신경학회)
메타 교육 인지 지도사 1급 (한국평생교육진흥원)
노인 두뇌훈련지도사 1급 (한국평생교육진흥원)
한국 웩슬러 유아지능 검사 K-WPPSI-IV 워크숍 수료 (인싸이트)
한국 웩슬러 아동지능 검사 WISC-V 전문과 과정 수료 (구성커뮤니케이션즈)
DIR 플로어타임 101 수료 (ICDL)
보육교사 2급&사회복지사 2급 (보건복지부)

SNS

Tina 쌤의 인스타그램: by_tina1208
Tina 쌤의 유튜브: @Tina-ch7wm
Tina 쌤의 블로그: https://contents.premium.naver.com/tina1208/tina

1. 다양한 시지각&작업기억 과제가 있어요.

제한시간 내에 집중해서 잘 보고 기억해보는 연습을 함으로써 시지각 주의력&변별&정보처리 및 단기기억 인지능력을 향상시킬 수 있어요.

시지각&작업기억 과제는 1개의 문제가 총 2장이며, 기본편은 1~3개의 그림 기억하기, 심화편은 3~5개를 기억하는 문제로 구성되어 있어요.

2. 다양한 청지각&작업기억 과제가 있어요.

들려준 이야기를 끝까지 잘 듣고, 이야기를 기억해보는 연습을 함으로써 청지각 주의력&변별&정보처리 및 언어이해 인지능력을 향상시킬 수 있어요.

청지각&작업기억 과제는 1개의 문제가 총 1장이며, 기본편은 1~3개 자극 듣고 기억하기, 심화편은 3~5개 자극 듣고 기억하기 문제로 구성되어 있어요.

3. 스티커와 부록이 함께 있어요.

스티커와 부록은 청지각&작업기억 과제시 활용할 수 있어요.

본 교재와 함께 제작된 작업기억 삼각대를 함께 활용할 수 있어요.

1. 재미있는 시지각&작업기억 삼각대 과제를 만날 수 있어요.

숫자, 모양, 위치 및 카트 안에 있는 물건 기억하기&친구의 얼굴을 보고 기억하기 등의 과제가 있어요.

재미있고 다양한 과제를 활동함으로써 시지각 주의력, 단기기억 인지능력도 함께 향상시킬 수 있어요.

시지각 작업기억&변별&주의력 및 단기기억 활동으로는 그림을 보고 기억하는 메모리 보드게임 및 행동을 순서대로 보고 기억한 후에 똑같이 행동을 따라하기, 다른 그림&숨은그림찾기 등의 활동을 할 수 있어요.

2. 재미있는 청지각&작업기억 삼각대 과제를 만날 수 있어요.

숫자, 음식, 색깔을 듣고 기억하기 및 이야기에 등장한 친구 이름, 동물, 물건 기억하기 등의 과제가 있어요.

재미있고 다양한 과제를 활동함으로써 청지각 주의력, 어휘력, 언어이해 인지능력도 함께 향상시킬 수 있어요.

청지각 작업기억&변별&주의력 활동으로는 소리를 듣고 기억하는 비트 보드게임 및 문장을 듣고 따라서 말하기, 박수 소리를 듣고 소리가 몇 번 들렸는지 변별하는 활동을 할 수 있어요.

3. 작업기억 삼각대 질문 Tip에 있는 확장활동을 할 수 있어요.

1. 다양한 귀납적 추론 과제가 있어요.

주어진 정보를 종합해서 그림의 연관성을 논리적으로 추론하고, 분석하는 연습을 함으로써 사고력을 향상시킬 수 있어요.

2. 다양한 행렬추론 과제가 있어요.

규칙의 순서를 인지하고 추론해봄으로써 도형과 관련된 사고력을 향상시킬 수 있어요.

3. 다양한 양적추론 과제가 있어요.

사물의 크기, 양, 길이, 높이를 인지하기 및 수인지, 수 양매칭, 계산하기, 도형을 비교하고 분류하는 연습을 함으로써 논리 수학적 사고력을 향상시킬 수 있어요.

4. 다양한 추상적 사고력 과제가 있어요.

그림을 보고 상황 및 사물의 부조화적인 것을 인지하는 연습을 함으로써 사회적 상황과 사물의 연관성을 논리적으로 추론하는 인지능력을 향상시킬 수 있어요.

5. 스티커와 부록이 함께 있어요.

스티커와 부록은 행렬추론, 양적추론 과제시 활용할 수 있어요.

유동추론 인지 향상을 위해 다양한 활동을 할 수 있어요!

본 교재와 함께 제작된 유동추론 삼각대를 함께 활용할 수 있어요.

1. 재미있는 귀납추론 삼각대 과제를 만날 수 있어요.

주제와 어울리는 그림 찾기 과제를 함으로써 추리력을 향상시킬 수 있어요.

주변에서 쉽게 접할 수 있는 사물 중에서 2개 이상의 어울리는 짝을 찾아서 말하기 활동을 할 수 있어요.

2. 재미있는 행렬추론 삼각대 과제를 만날 수 있어요.

세로 및 가로형 형식의 규칙 찾기 과제를 함으로써 비언어적 유동추론 인지능력을 향상시킬 수 있어요.

교구를 활용하여 규칙 인지 및 추론하기 활동을 할 수 있어요.

3. 재미있는 양적추론 삼각대 과제를 만날 수 있어요.

기초 수지식, 무게 추론, 생일케이크 초를 보고 나이 계산하기 등의 과제를 함으로써 수학적 사고력을 향상시킬 수 있어요.

교구를 활용하여 크기, 기초 수지식, 수 인지&수 양매칭하기 활동을 할 수 있어요.

4. 재미있는 추상적 삼각대 과제를 만날 수 있어요.

이상한 그림을 찾고, 왜 이상한지 이유를 설명함으로써 논리력을 향상시킬 수 있어요.

파라다이스 복지재단의 '논리 쑥쑥 말이 쑥쑥 교구-이상한 점 찾기 편' 교구를 함께 활용할 수 있어요.

5. 유동추론 삼각대 질문 Tip에 있는 확장활동을 할 수 있어요.

작업기억

기본편

그림을 3~4초 동안 보고 기억하세요.

앞에서 본 것과 똑같은 그림에 ○표 하세요.

그림을 3~4초 동안 보고 기억하세요.

앞에서 본 것과 똑같은 그림에 〇표 하세요.

그림을 3~4초 동안 보고 기억하세요.

프라이팬에 있었던 음식에 ○표 하세요.

그림을 3~4초 동안 보고 기억하세요.

앞에서 본 것과 똑같은 그림에 ◯표 하세요.

그림을 3~4초 동안 보고 기억하세요.

앞에서 본 것과 똑같은 그림에 ◯표 하세요.

그림을 3~4초 동안 보고 기억하세요.

친구가 있던 곳은 어디였나요?

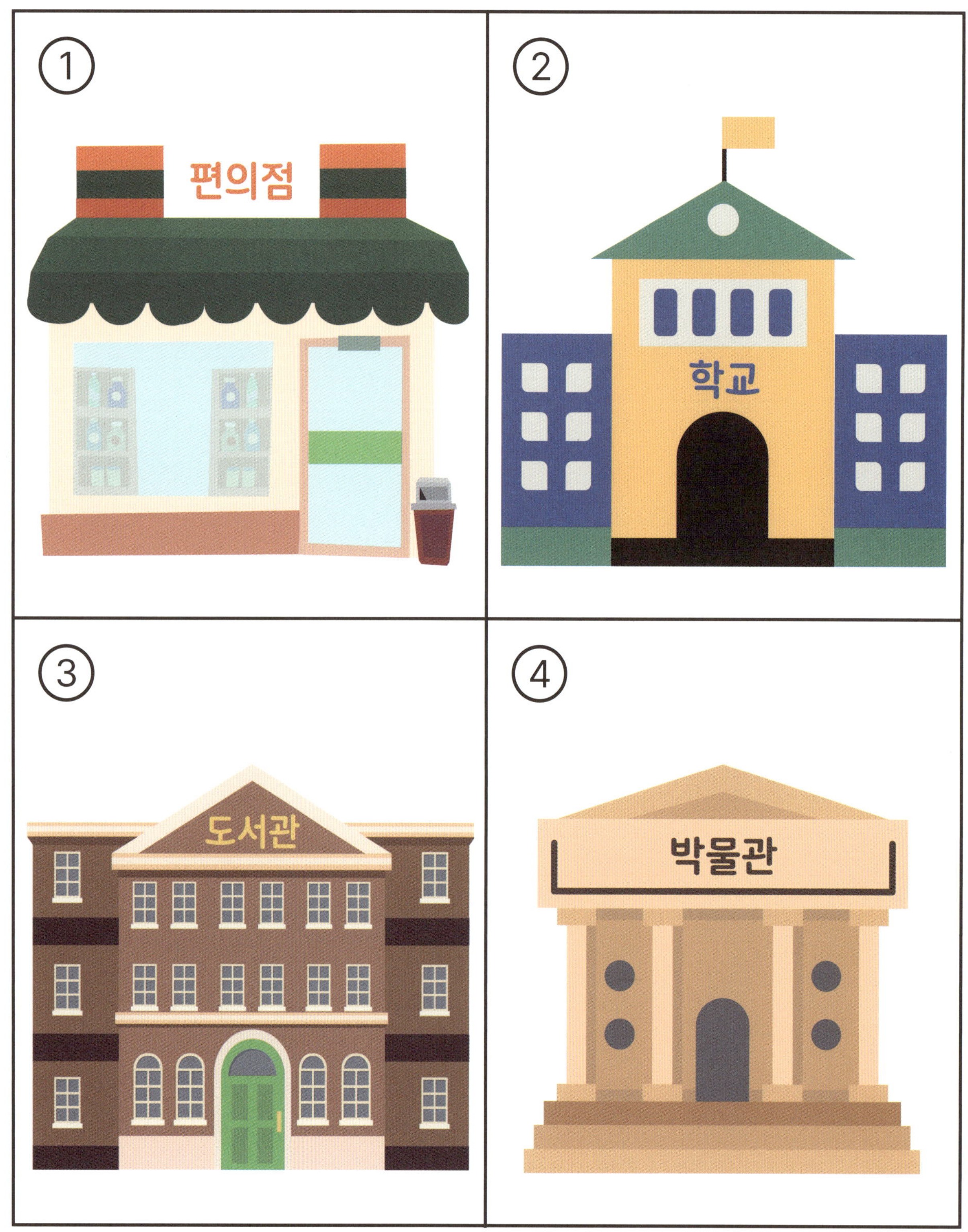

그림을 4~5초 동안 보고 기억하세요.

앞에서 본 것과 똑같은 그림에 ○표 하세요.

그림을 4~5초 동안 보고 기억하세요.

앞에서 본 것과 똑같은 그림에 〇표 하세요.

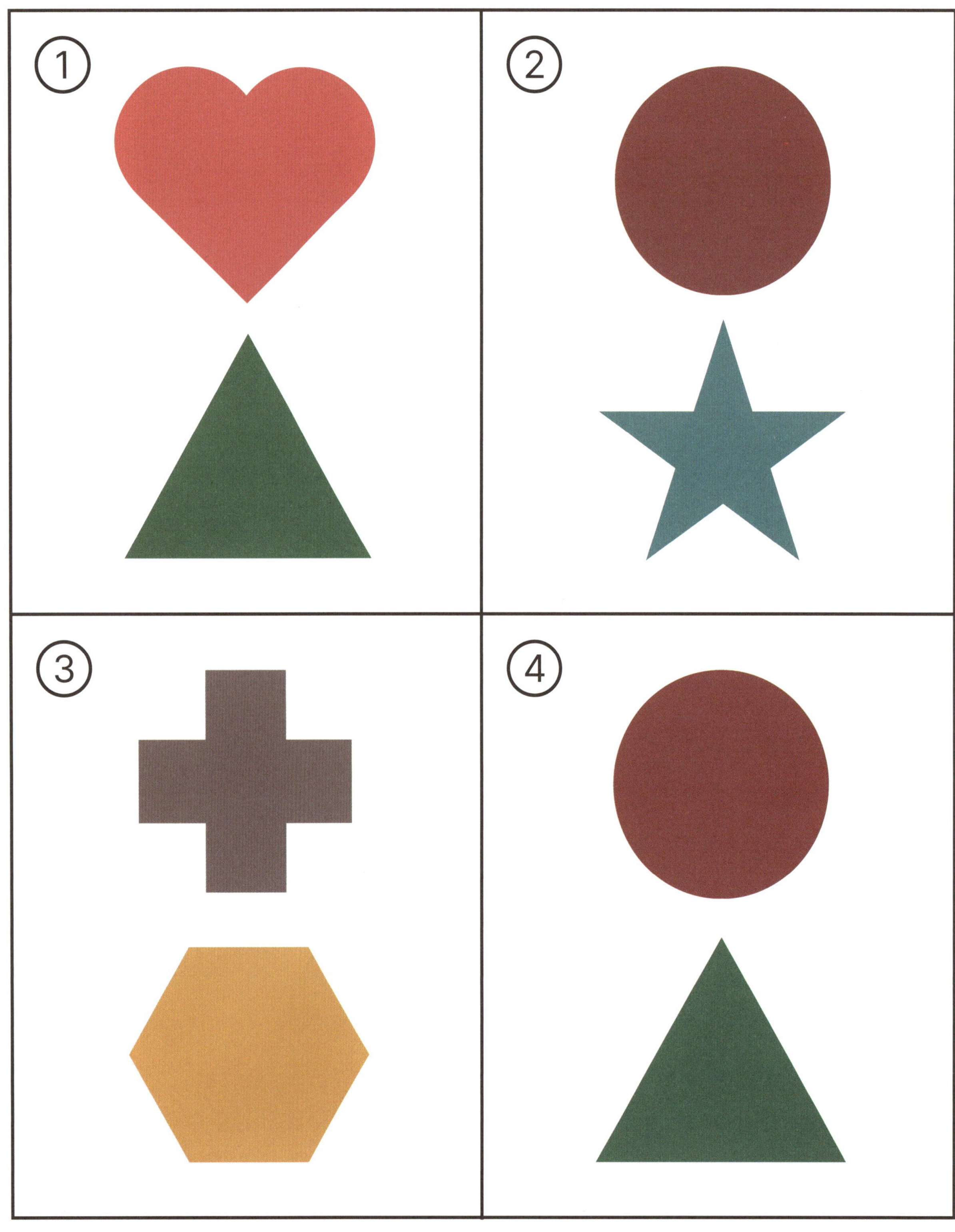

그림을 4~5초 동안 보고 기억하세요.

1. 시지각&작업기억

앞에서 본 것과 똑같은 그림에 ○표 하세요.

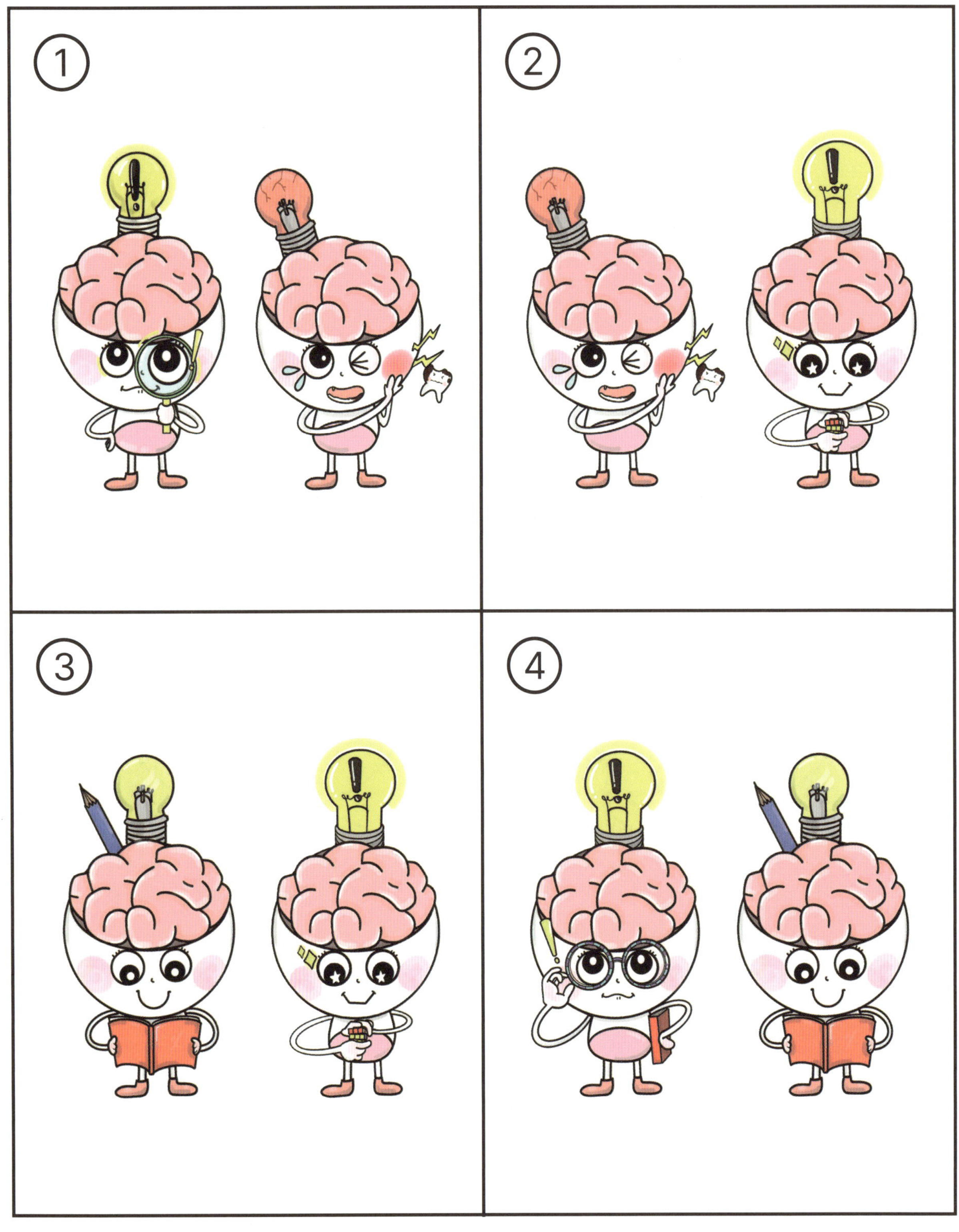

그림을 4~5초 동안 보고 기억하세요.

카트 안에 있었던 음식에 ○표 하세요.

그림을 4~5초 동안 보고 기억하세요.

앞에서 본 것과 똑같은 숫자에 ◯표 하세요.

① 2,5

② 3,7

③ 5,9

④ 2,9

그림을 4~5초 동안 보고 기억하세요.

앞에서 본 것과 똑같은 그림에 〇표 하세요.

그림을 4~5초 동안 보고 기억하세요.

새가 있었던 위치를 바르게 표시한 그림에 ◯표 하세요.

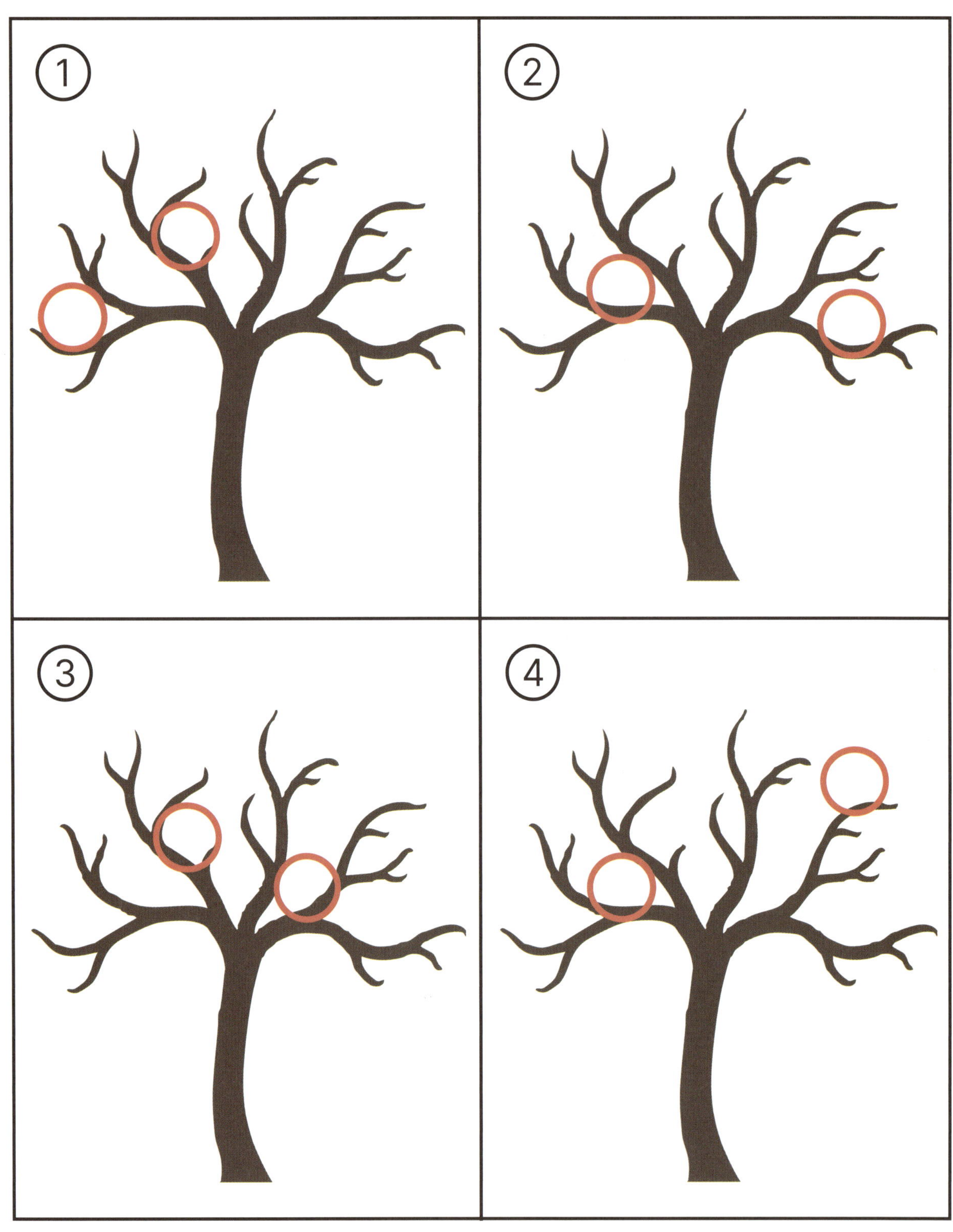

그림을 4~5초 동안 보고 기억하세요.

장난감이 있었던 위치를 바르게 표시한 그림에 〇표 하세요.

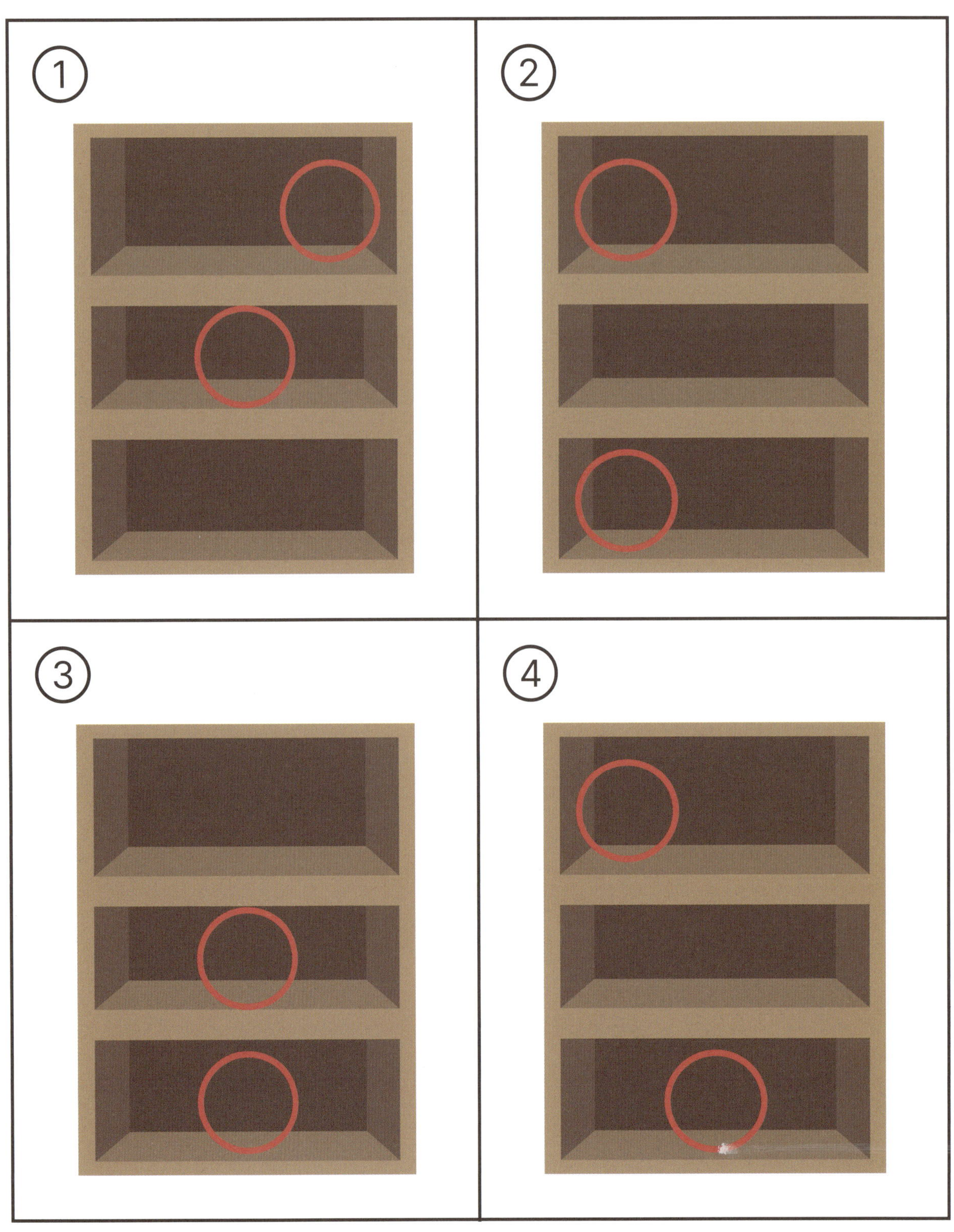

그림을 4~5초 동안 보고 기억하세요.

앞에서 본 것과 똑같은 그림에 ○표 하세요.

그림을 4~5초 동안 보고 기억하세요.

거실에 있었던 가구에 ○표 하세요.

1. 시지각&작업기억

그림을 5~6초 동안 보고 기억하세요.

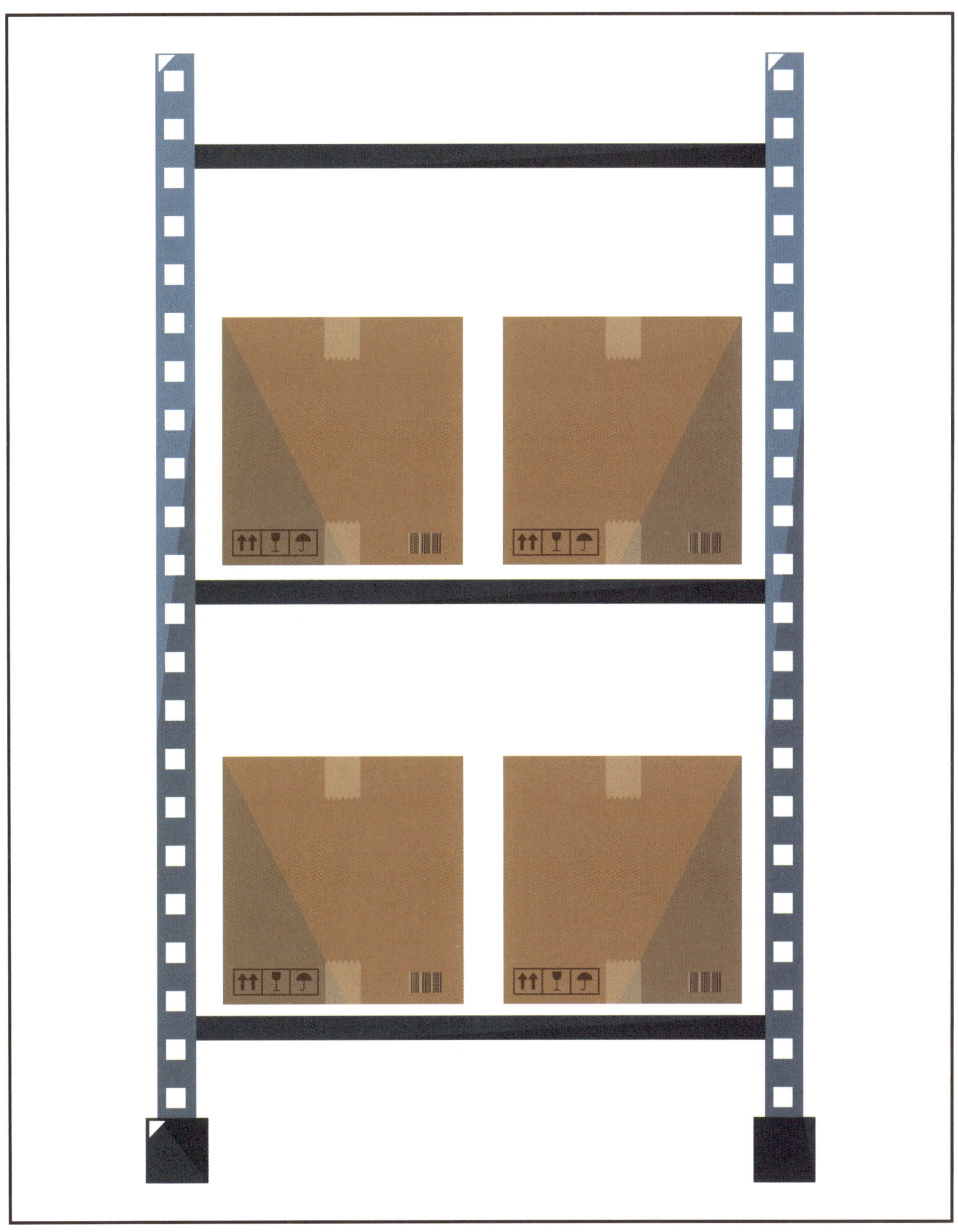

앞에서 본 상자의 개수에 〇표 하세요.

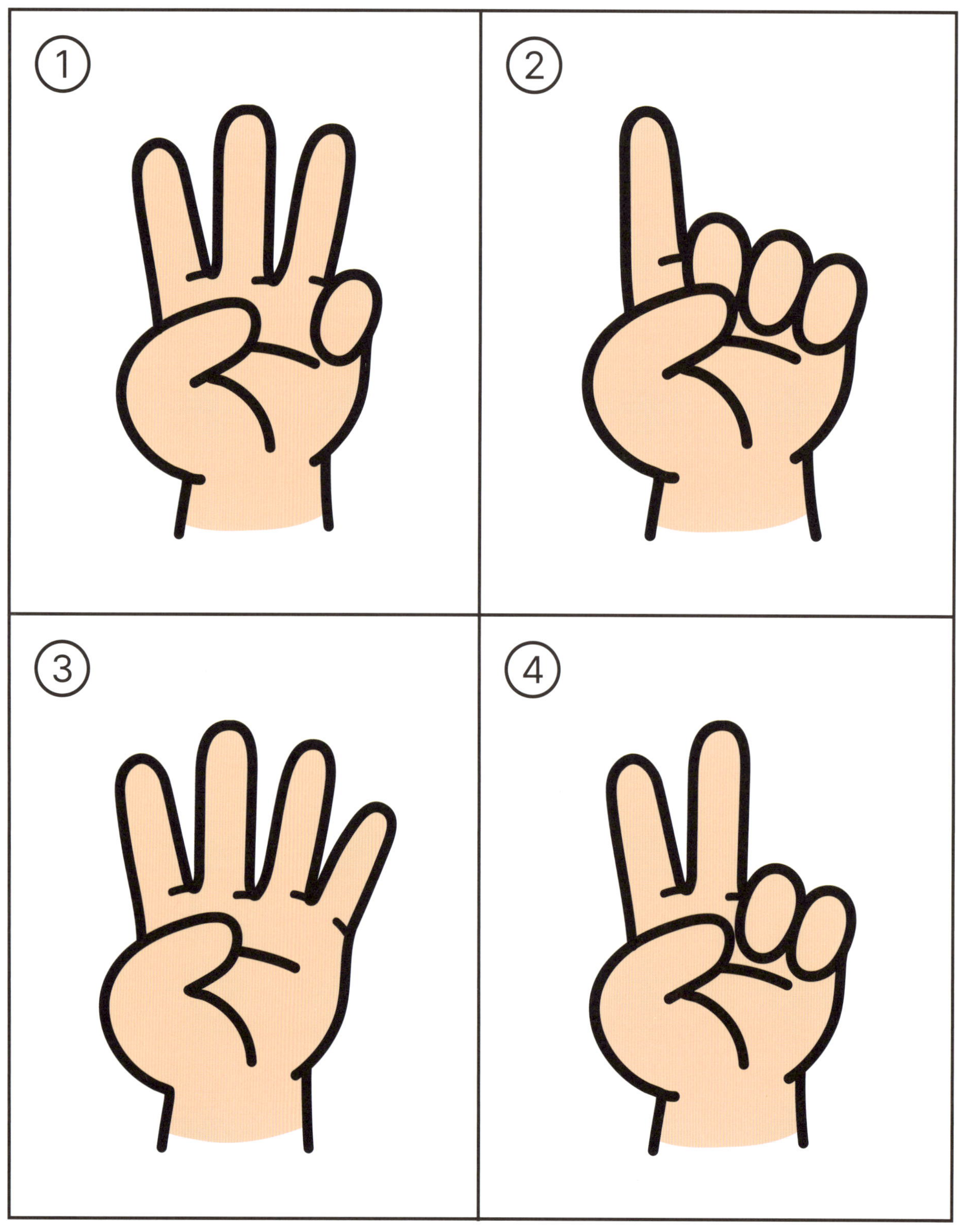

그림을 5~6초 동안 보고 기억하세요.

앞에서 본 것과 똑같은 그림에 ◯표 하세요.

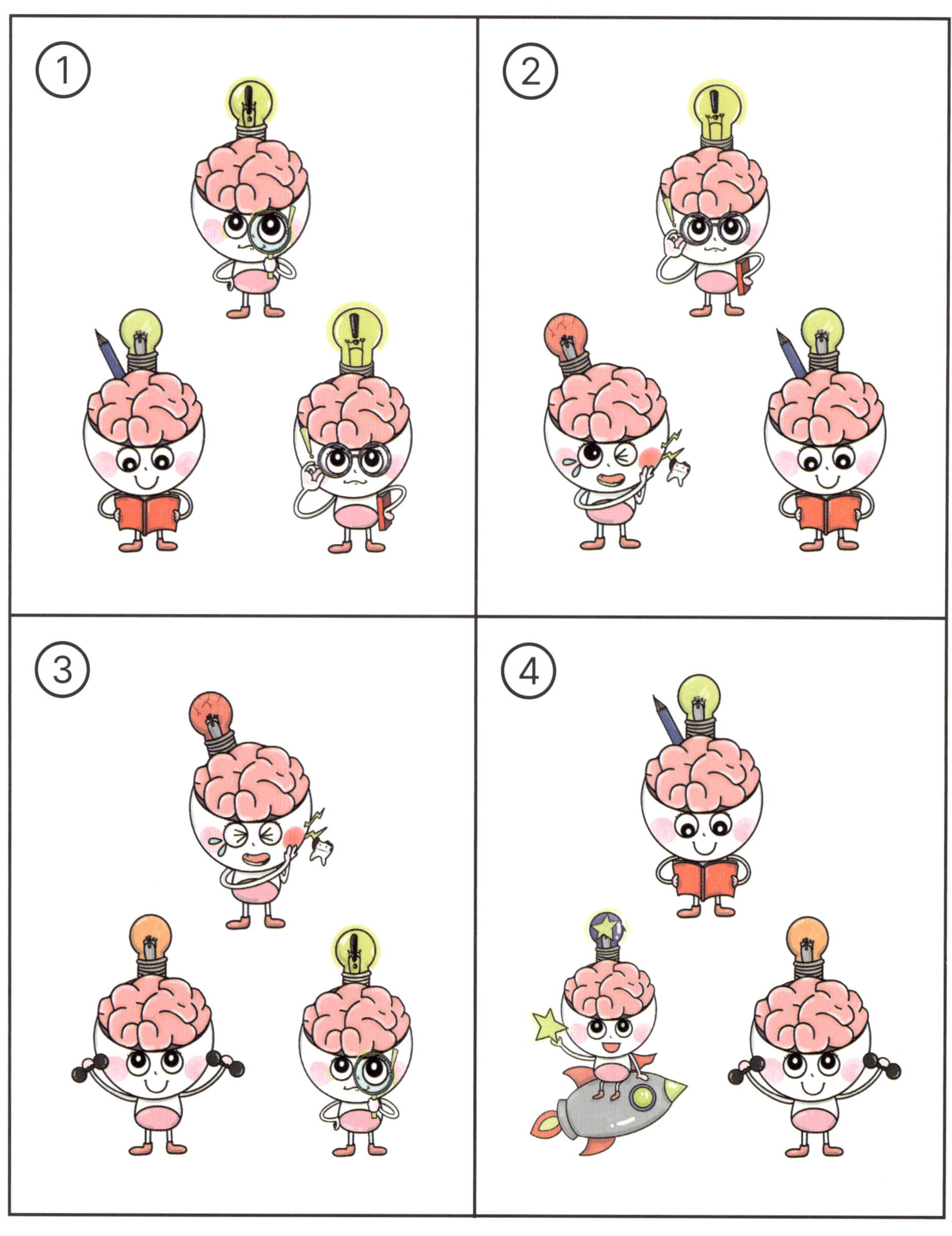

그림을 5~6초 동안 보고 기억하세요.

책상 위에 있었던 물건에 ○표 하세요.

그림을 5~6초 동안 보고 기억하세요.

앞에서 본 것과 똑같은 그림에 ○표 하세요.

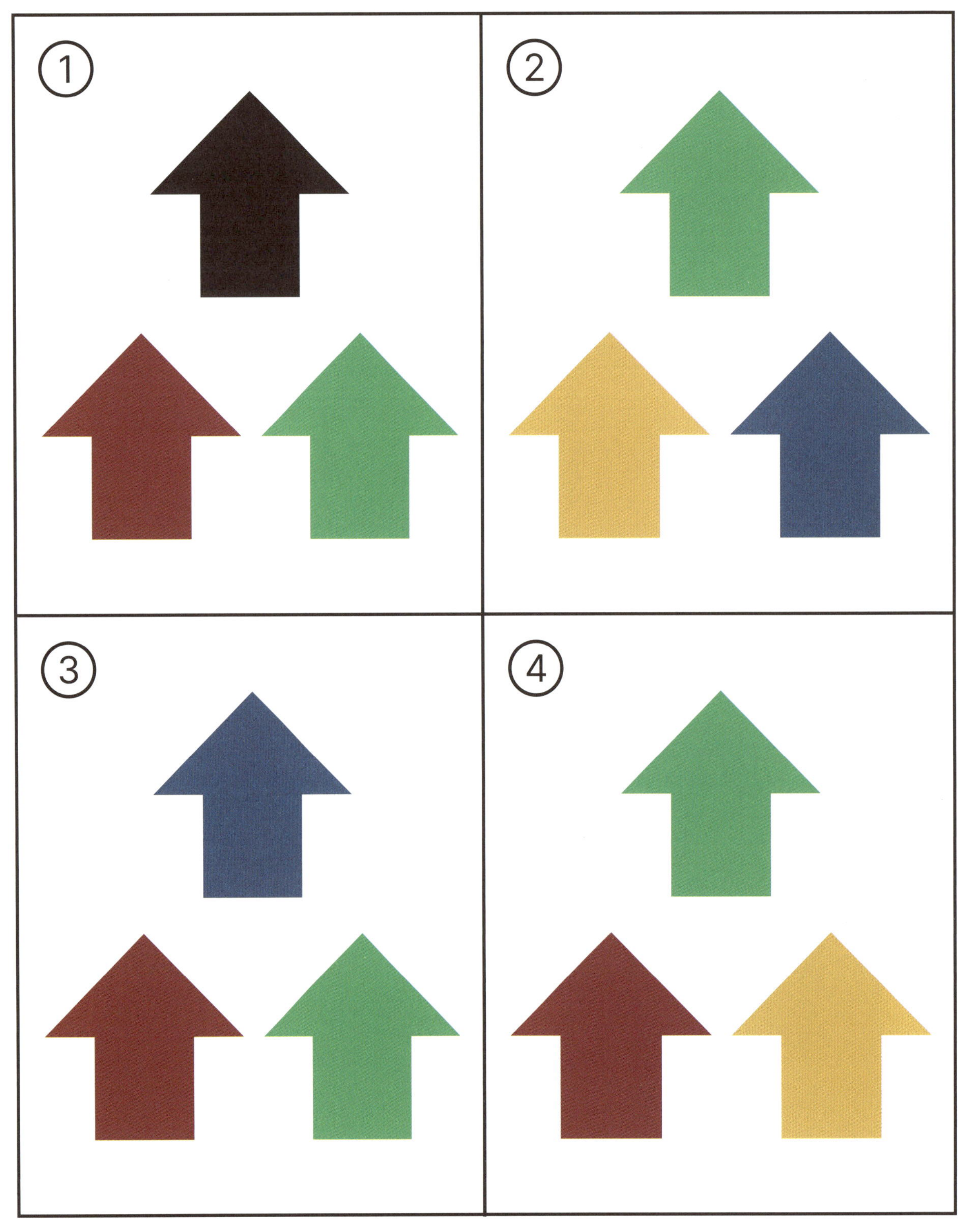

부록 1의 이야기를 잘 듣고, 알맞은 그림을 찾아보세요.

부록 2의 이야기를 잘 듣고, 알맞은 그림을 찾아보세요.

부록 3의 이야기를 잘 듣고, 알맞은 그림을 찾아보세요.

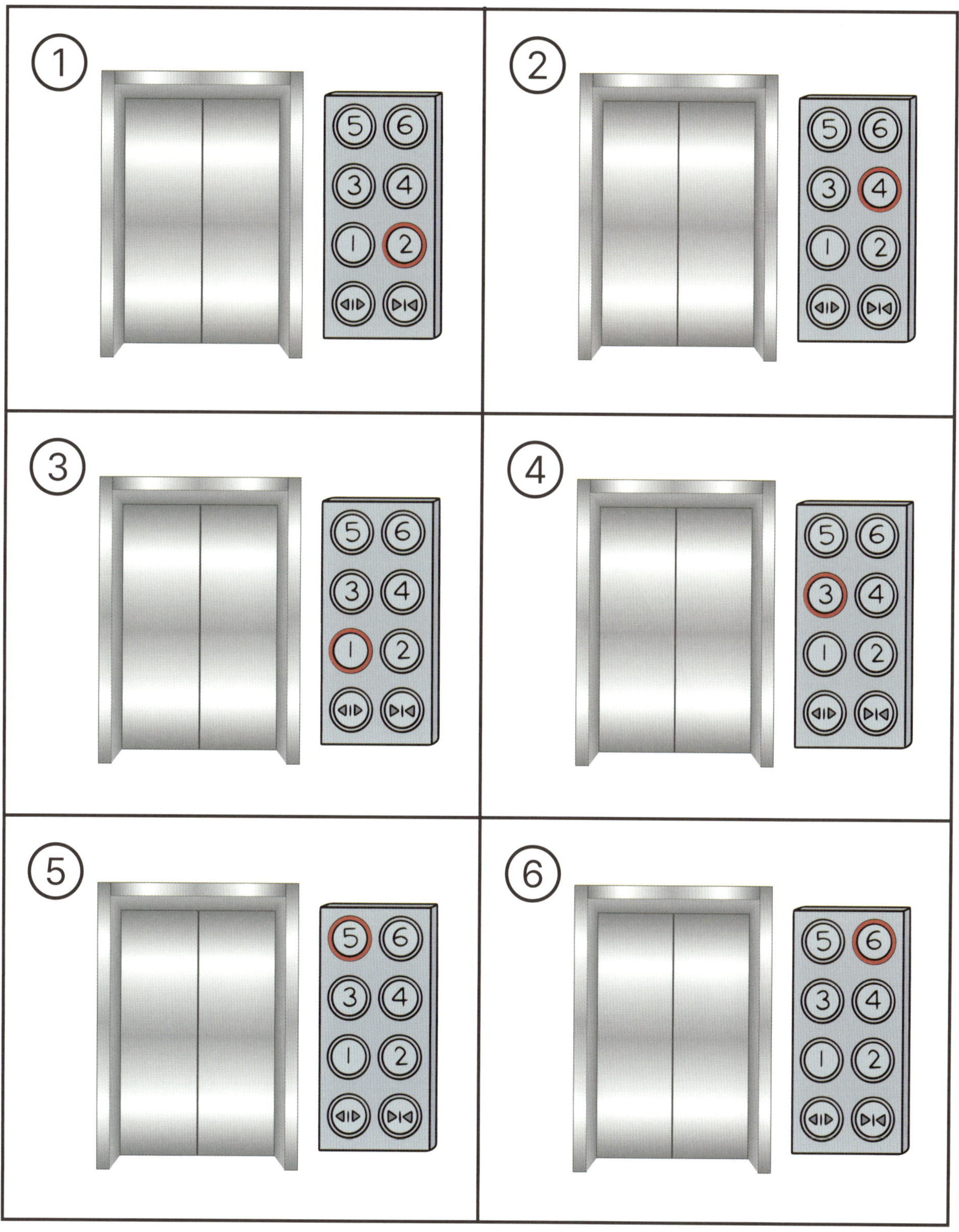

부록 4의 이야기를 잘 듣고, 알맞은 그림을 찾아보세요.

QR을 활용해, 소리의 순서대로 숫자를 써보세요.

(주의사항: 소리가 연속으로 녹음되어 있으니, 일시정지 기능을 사용하세요.)

①	②
③	④
⑤	⑥

2. 청지각&작업기억

QR을 활용해, 소리의 순서대로 숫자를 써보세요.

(주의사항: 소리가 연속으로 녹음되어 있으니, 일시정지 기능을 사용하세요.)

① 	② 
③ 	④ 
⑤ 	⑥ 

QR을 활용해, 소리의 순서대로 숫자를 써보세요.

(주의사항: 소리가 연속으로 녹음되어 있으니, 일시정지 기능을 사용하세요.)

①

②

③

④

⑤

⑥

2. 청지각&작업기억

QR을 활용해, 소리의 순서대로 숫자를 써보세요.

(주의사항: 소리가 연속으로 녹음되어 있으니, 일시정지 기능을 사용하세요.)

①

②

③

④

⑤

⑥

QR을 활용해 소리를 듣고, 질문에 답하세요.

(주의사항: 소리가 연속으로 녹음되어 있으니, 일시정지 기능을 사용하세요.)

젖소는 소리를 몇 번 냈나요?

1번 / 2번 / 3번

닭은 소리를 몇 번 냈나요?

1번 / 2번 / 3번

고양이는 소리를 몇 번 냈나요?

1번 / 2번 / 3번

2. 청지각&작업기억

QR을 활용해 소리를 듣고, 질문에 답하세요.

(주의사항: 소리가 연속으로 녹음되어 있으니, 일시정지 기능을 사용하세요.)

벨은 몇 번 울렸나요?

1번 / 2번 / 3번

자동차 경적소리는 몇 번 울렸나요?

1번 / 2번 / 3번

박수는 몇 번 쳤나요?

1번 / 2번 / 3번

QR을 활용해 소리를 듣고, 질문에 답하세요.

(주의사항: 소리가 연속으로 녹음되어 있으니, 일시정지 기능을 사용하세요.)

강아지는 소리를 몇 번 냈나요?

1번 / 2번 / 3번

염소는 소리를 몇 번 냈나요?

1번 / 2번 / 3번

말은 소리를 몇 번 냈나요?

1번 / 2번 / 3번

QR을 활용해 소리를 듣고, 질문에 답하세요.

(주의사항: 소리가 연속으로 녹음되어 있으니, 일시정지 기능을 사용하세요.)

아기는 몇 번 울었나요?

1번 / 2번 / 3번

남자는 야호 소리를 몇 번 외쳤나요?

1번 / 2번 / 3번

여자는 코를 몇 번 골았나요?

1번 / 2번 / 3번

QR을 활용해 숫자 2개를 끝까지 듣고, 순서대로 쓰세요.

(주의사항: 소리가 연속으로 녹음되어 있으니, 일시정지 기능을 사용하세요.)

①

②

③

④

⑤

⑥

⑦

⑧

⑨

⑩

2. 청지각&작업기억

QR을 활용해 숫자 3개를 끝까지 듣고, 순서대로 쓰세요.

(주의사항: 소리가 연속으로 녹음되어 있으니, 일시정지 기능을 사용하세요.)

①

②

③

④

⑤

⑥

⑦

⑧

⑨

⑩

QR을 활용해 숫자 2개를 끝까지 듣고, 거꾸로 쓰세요.

(주의사항: 소리가 연속으로 녹음되어 있으니, 일시정지 기능을 사용하세요.)

①

②

③

④

⑤

⑥

⑦

⑧

⑨

⑩

2. 청지각&작업기억

QR을 활용해 숫자 3개를 끝까지 듣고, 거꾸로 쓰세요.

(주의사항: 소리가 연속으로 녹음되어 있으니, 일시정지 기능을 사용하세요.)

①	
②	
③	
④	
⑤	
⑥	
⑦	
⑧	
⑨	
⑩	

부록 5의 이야기를 잘 듣고,
알맞은 색깔의 구슬 스티커를 붙여주세요.

부록 6의 이야기를 잘 듣고,
알맞은 색깔의 구슬 스티커를 붙여주세요.

부록 7의 이야기를 잘 듣고, 물건이나 음식에 ○표 하세요.

부록 8의 이야기를 잘 듣고, 물건이나 음식에 ○표 하세요.

부록 9의 이야기를 잘 듣고,
알맞은 과일과 채소 스티커를 붙여주세요.

부록 10의 이야기를 잘 듣고,
알맞은 채소 스티커를 붙여주세요.

부록 11의 이야기를 잘 듣고,
알맞은 색으로 모양에 색칠하세요.

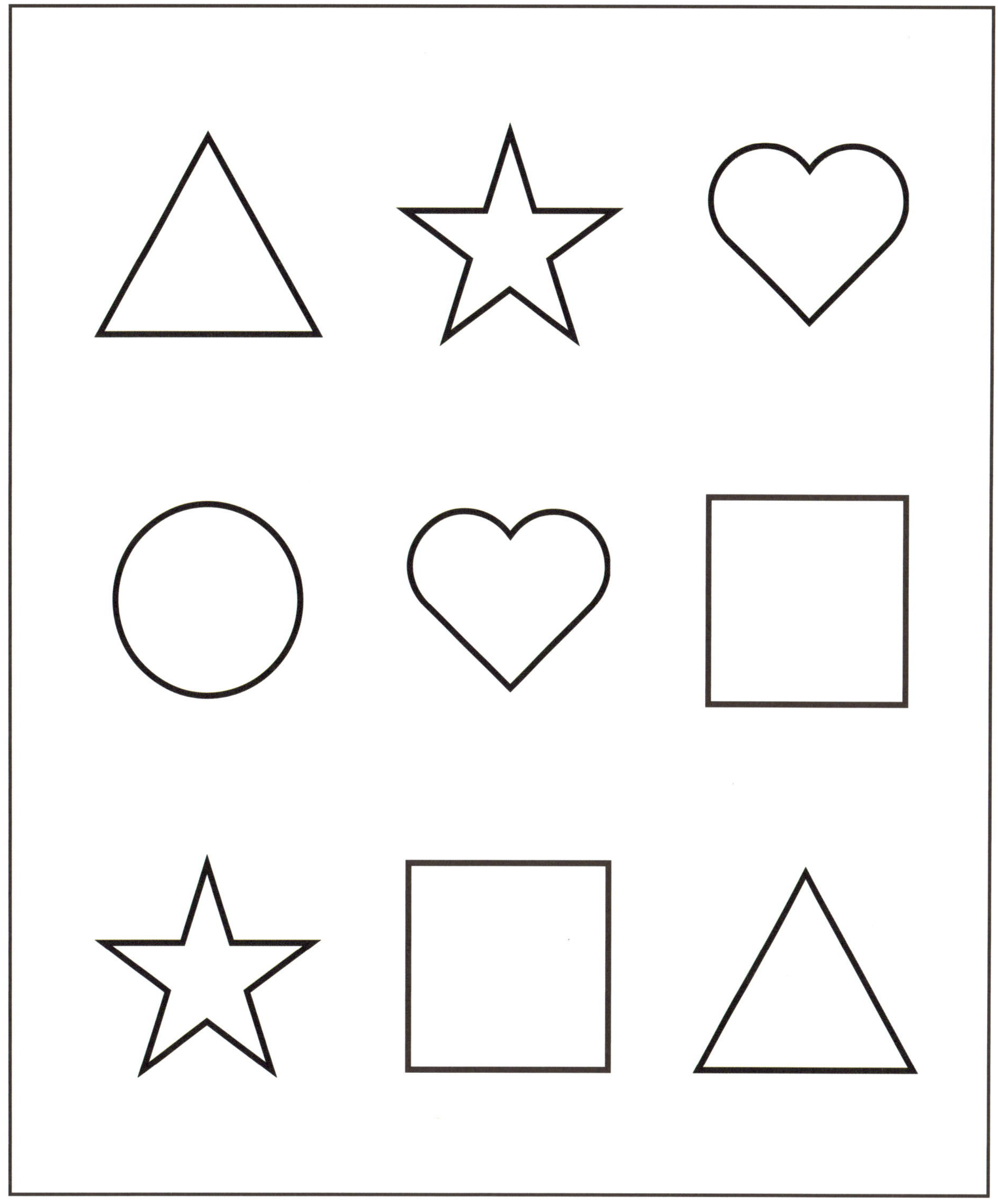

부록 12의 이야기를 잘 듣고,
알맞은 숫자를 모양에 써보세요.

부록 13의 이야기를 잘 듣고, 알맞은 스티커를 붙여주세요.

< 반짝이 >

< 티나 선생님 >

< 아침 >	< 아침 >
○ ○	○ ○
< 점심 >	< 점심 >
○ ○	○ ○
< 간식 >	< 간식 >
○ ○	○ ○
< 저녁 >	< 저녁 >
○ ○	○ ○

부록 14의 이야기를 잘 듣고, 알맞은 스티커를 붙여주세요.

작업기억

심화편

그림을 5~6초 동안 보고 기억하세요.

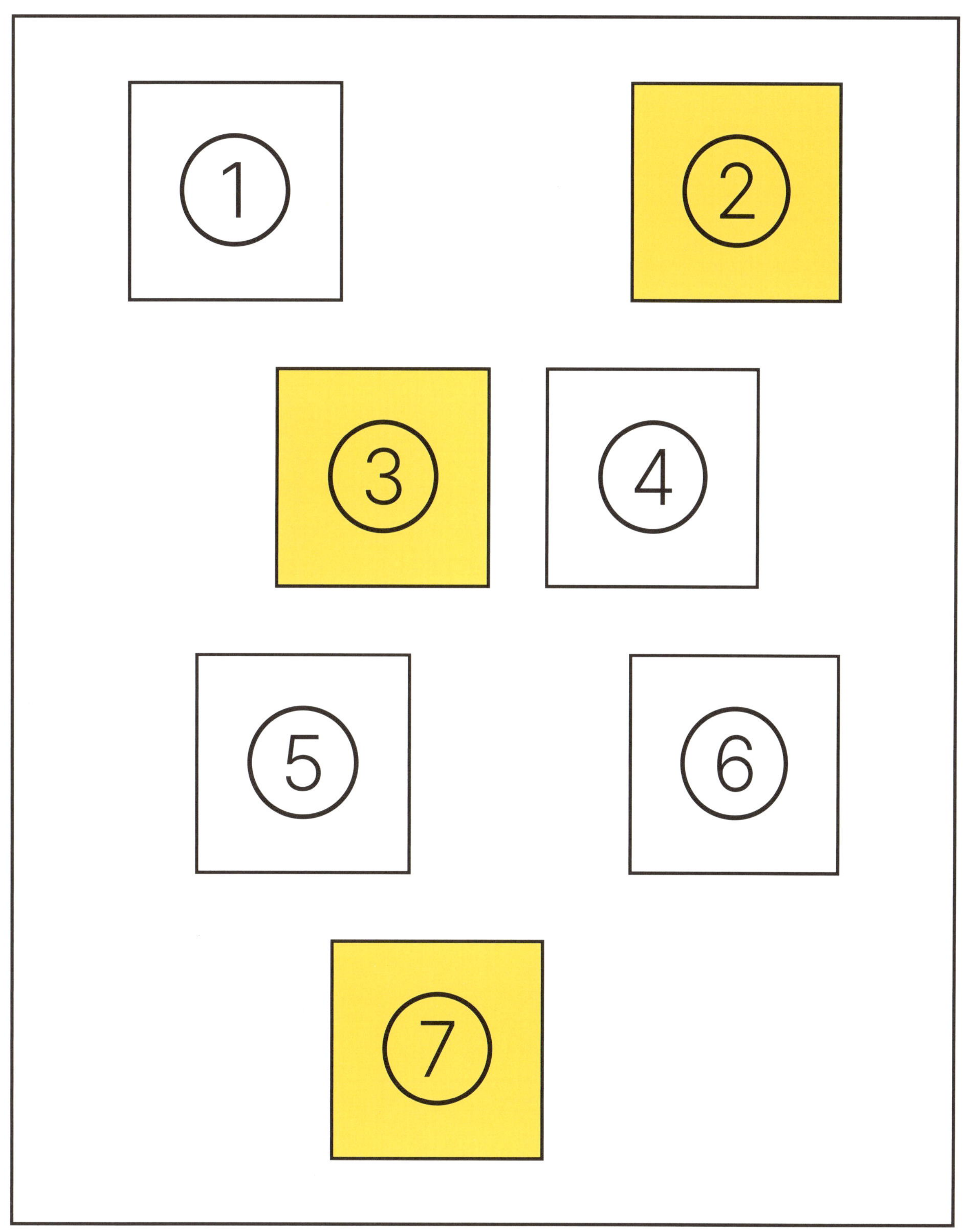

앞에서 본 것과 똑같은 숫자에 색칠하세요.

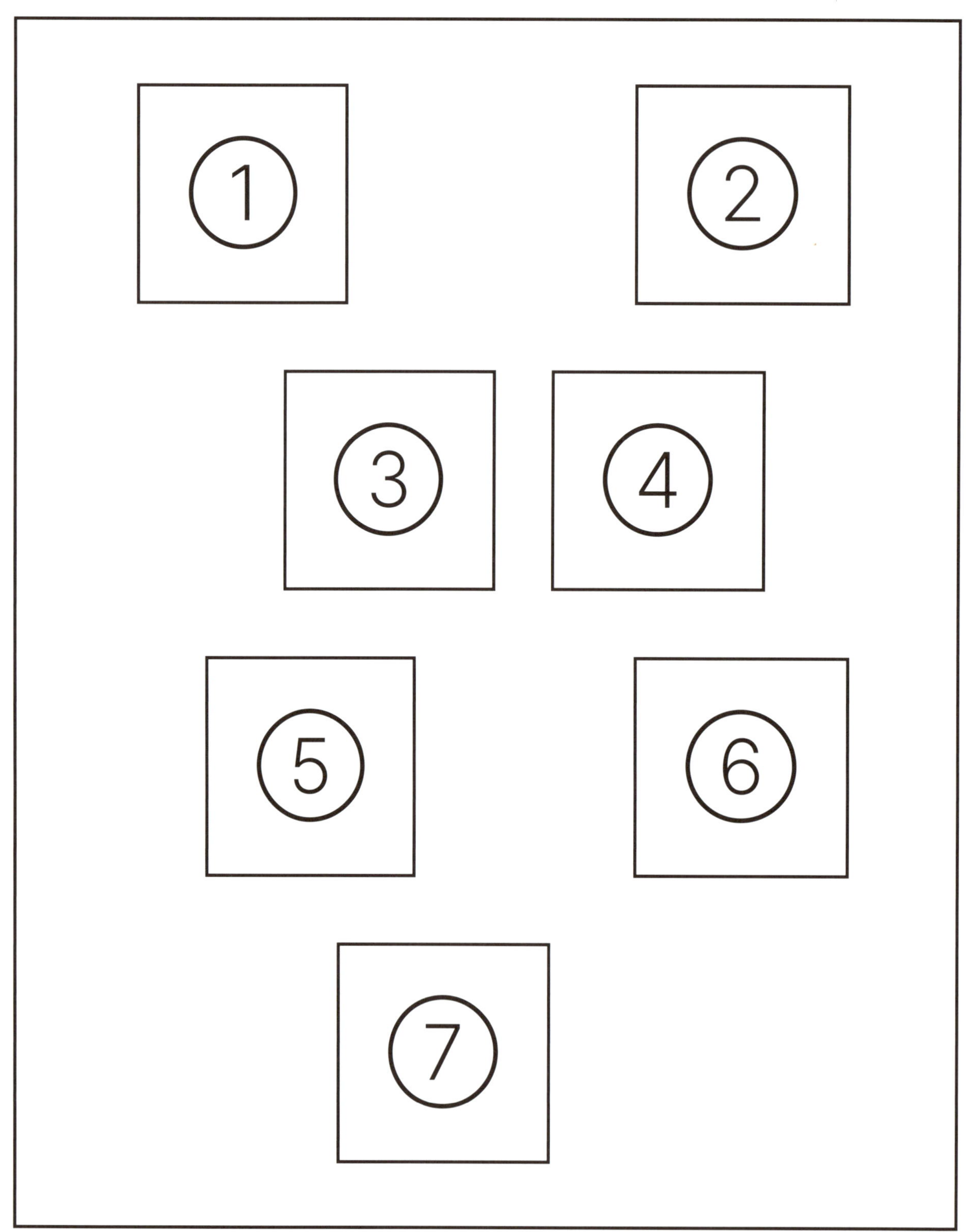

그림을 5~6초 동안 보고 기억하세요.

앞에서 본 것과 똑같은 글자에 ○표 하세요.

① 하 아 자

② 가 나 다

③ ㄱ ㄴ ㄷ

④ A B C

그림을 5~6초 동안 보고 기억하세요.

2번 칸에 있었던 그림에 ◯표 하세요.

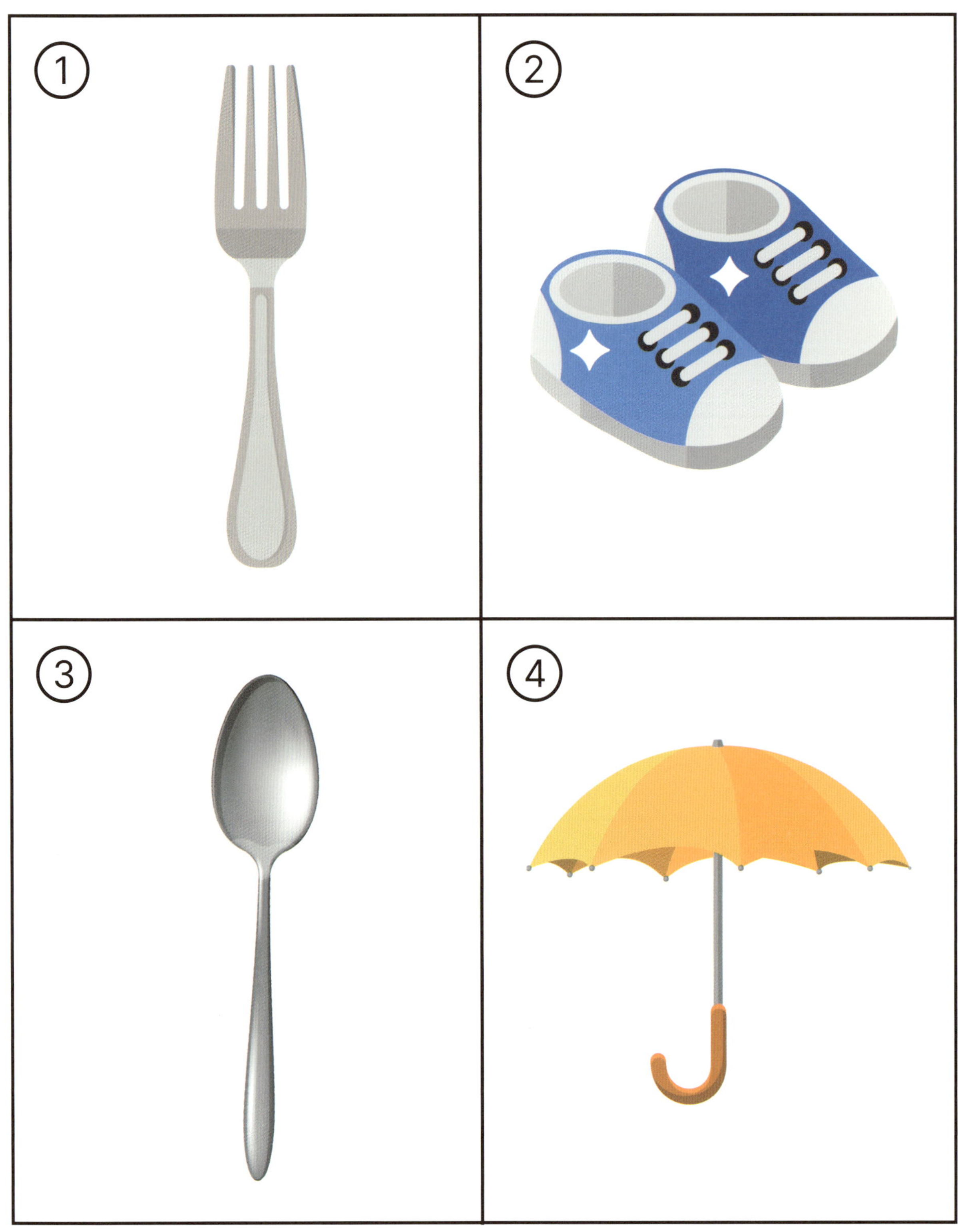

그림을 5~6초 동안 보고 기억하세요.

앞에서 본 것과 똑같은 것에 ○표 하세요.

① 사자 라디오 마차	② 호박 김 자동차
③ 가수 라면 하마	④ 가지 나비 다리

그림을 5~6초 동안 보고 기억하세요.

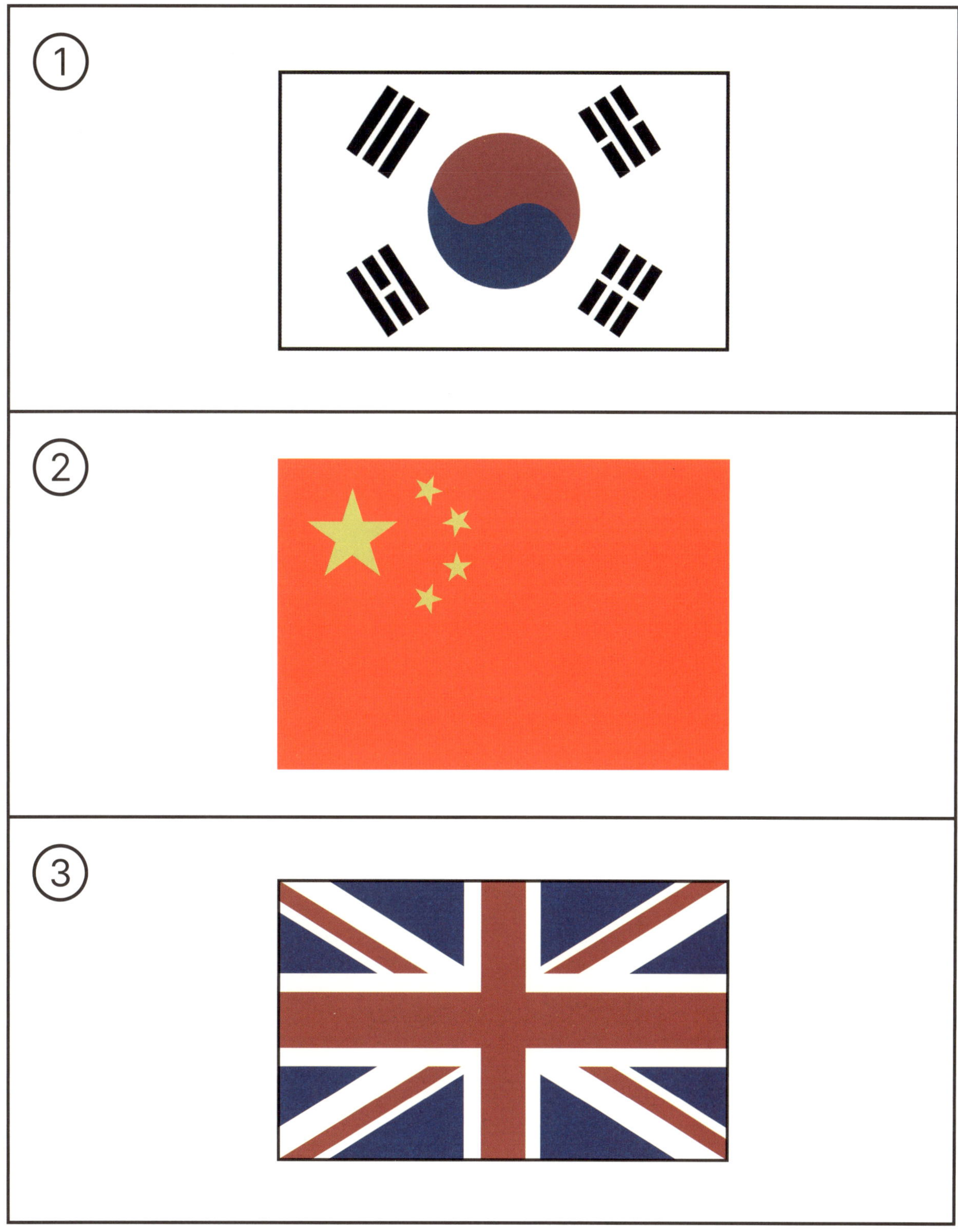

앞에서 본 국기가 아닌 것에 ○표 하세요.

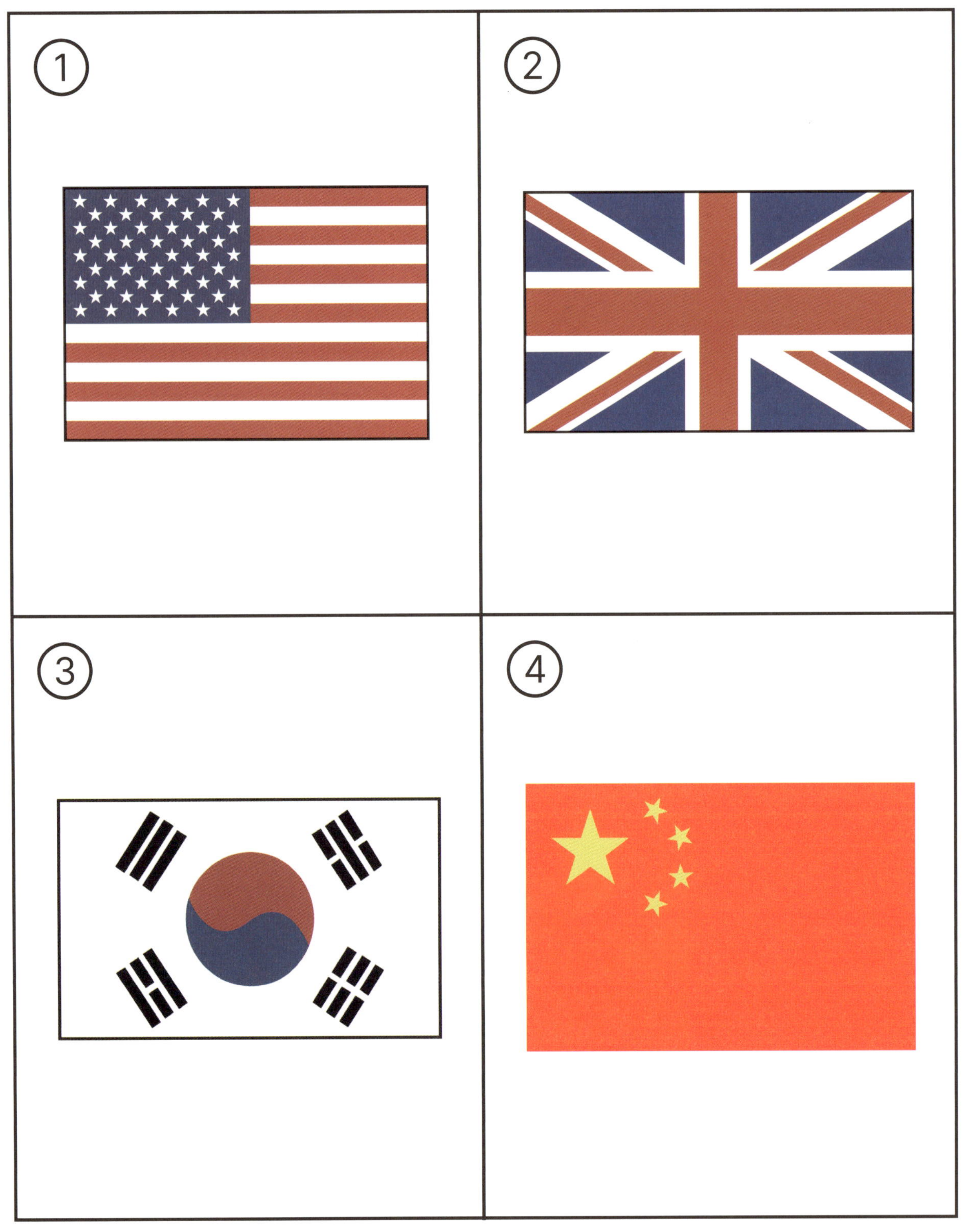

그림을 5~6초 동안 보고 기억하세요.

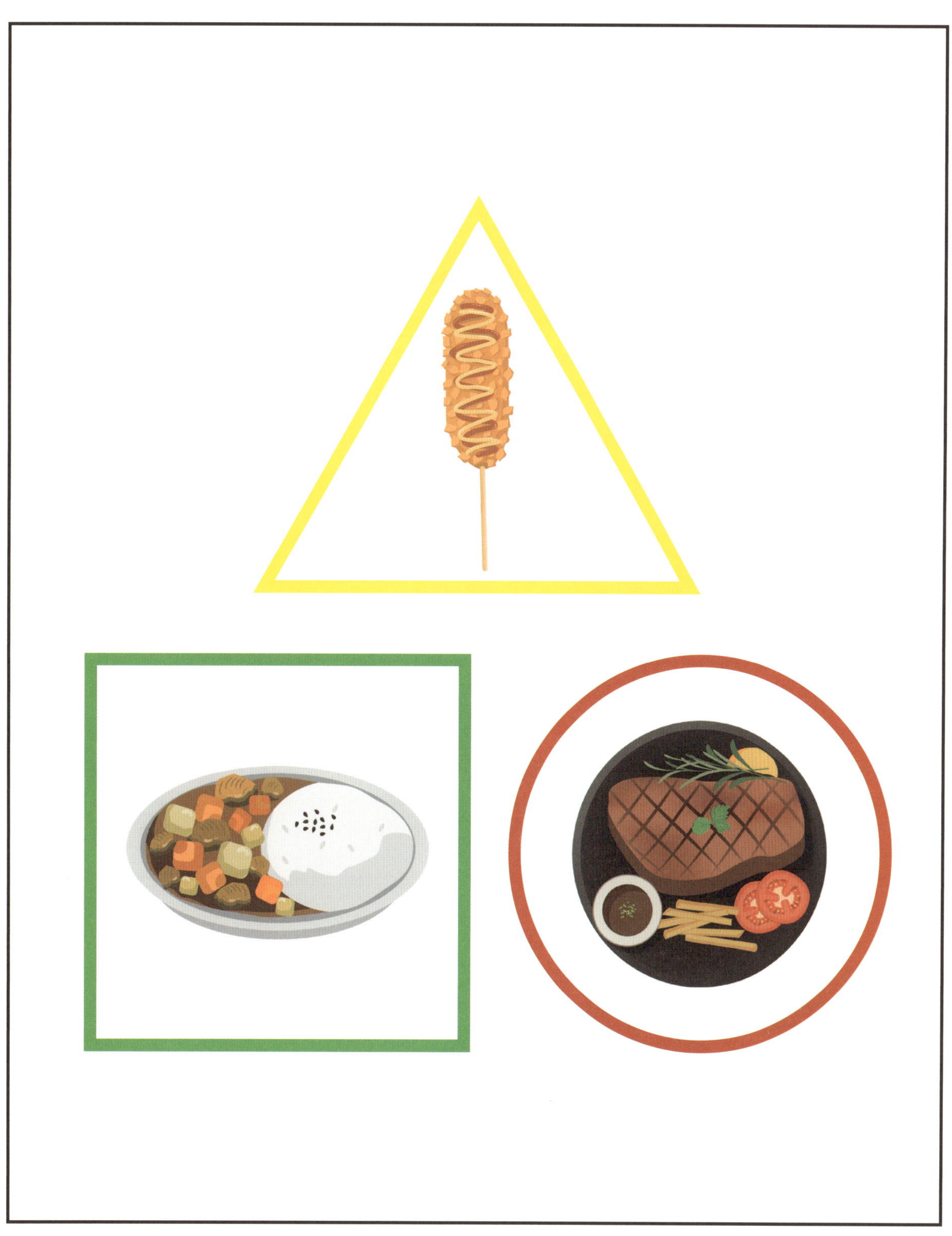

세모 칸에 있었던 음식에 ○표 하세요.

네모 칸에 있었던 음식에 ○표 하세요.

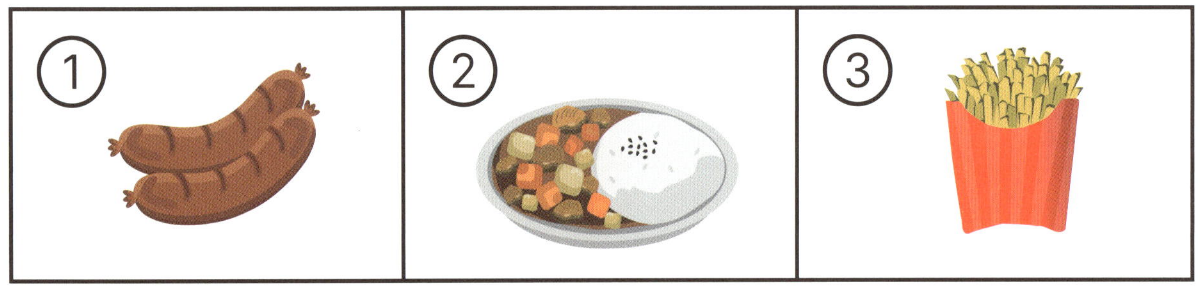

동그라미 칸에 있었던 음식에 ○표 하세요.

그림에 없었던 음식에 ○표 하세요.

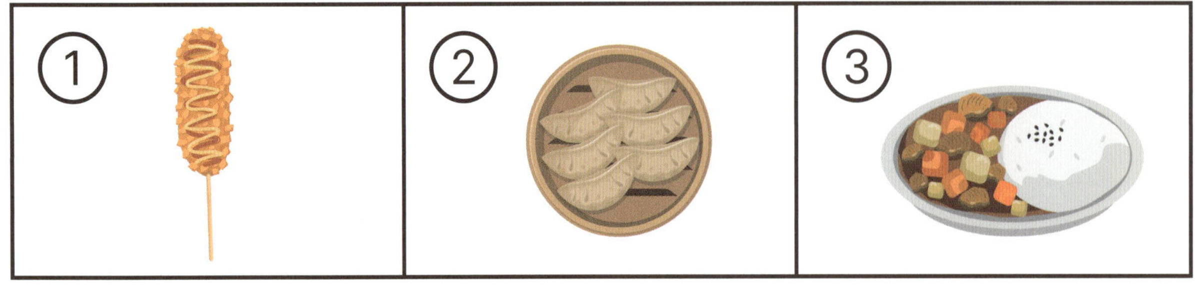

그림을 6~7초 동안 보고 기억하세요.

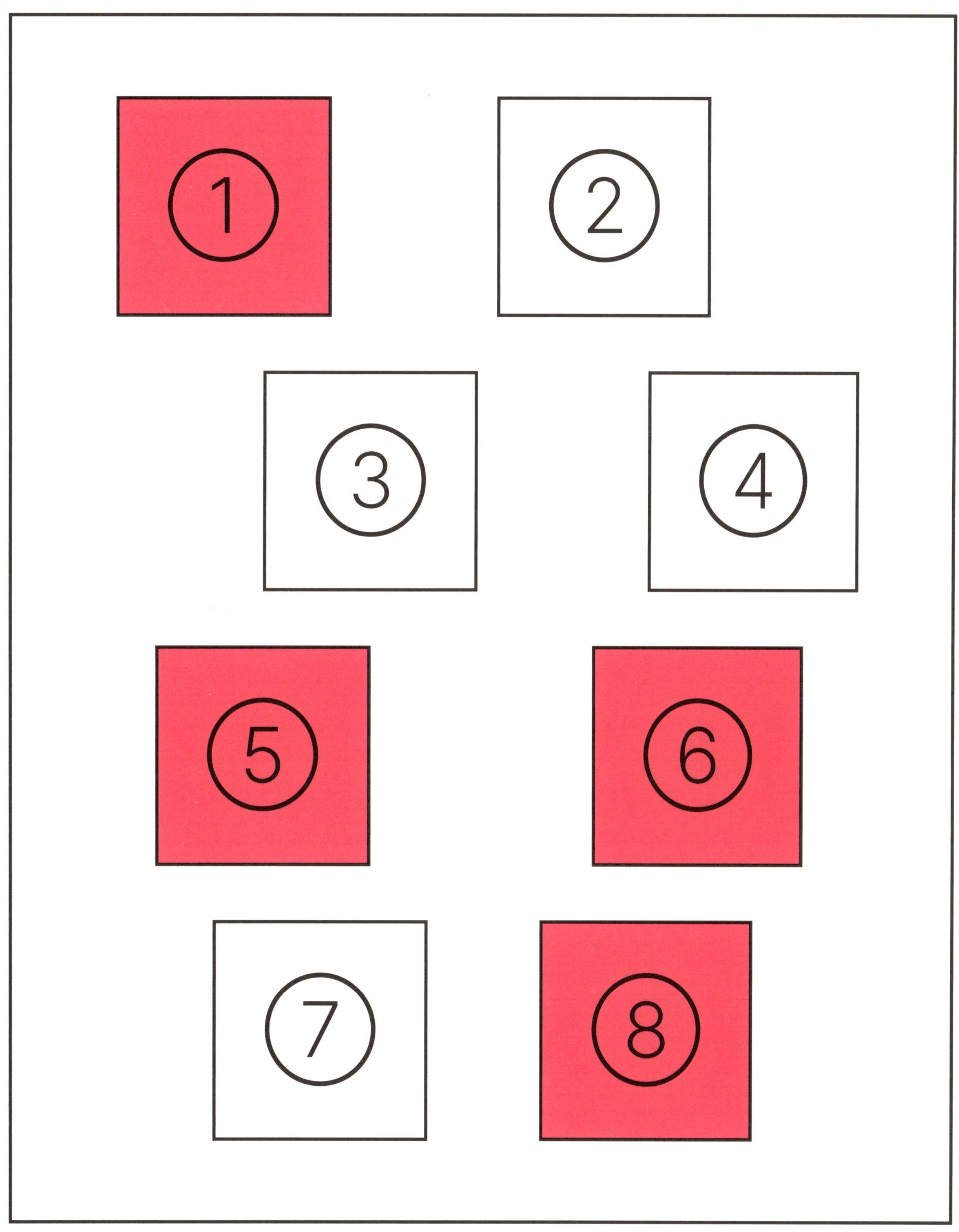

앞에서 본 것과 똑같은 숫자에 색칠하세요.

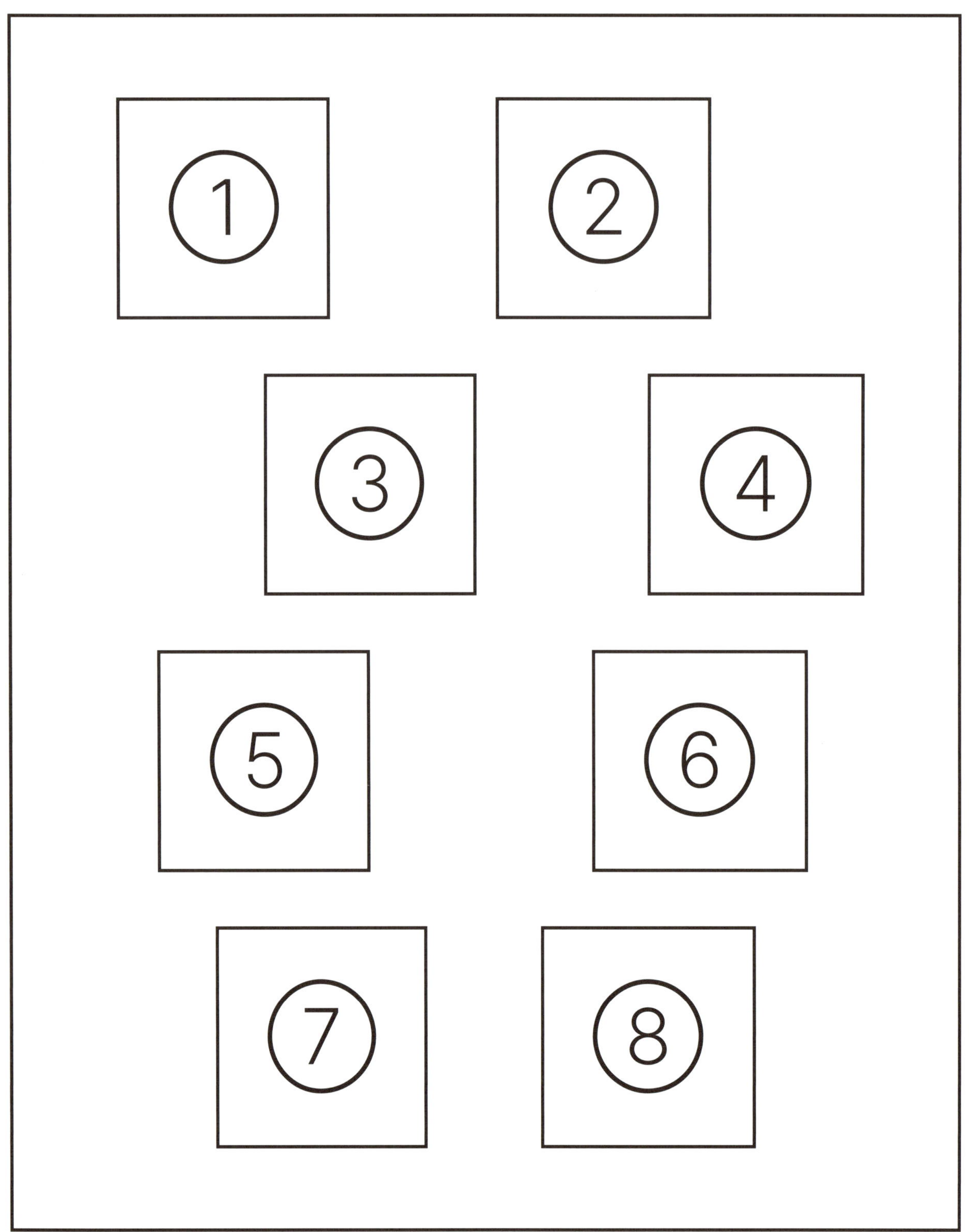

그림을 6~7초 동안 보고 기억하세요.

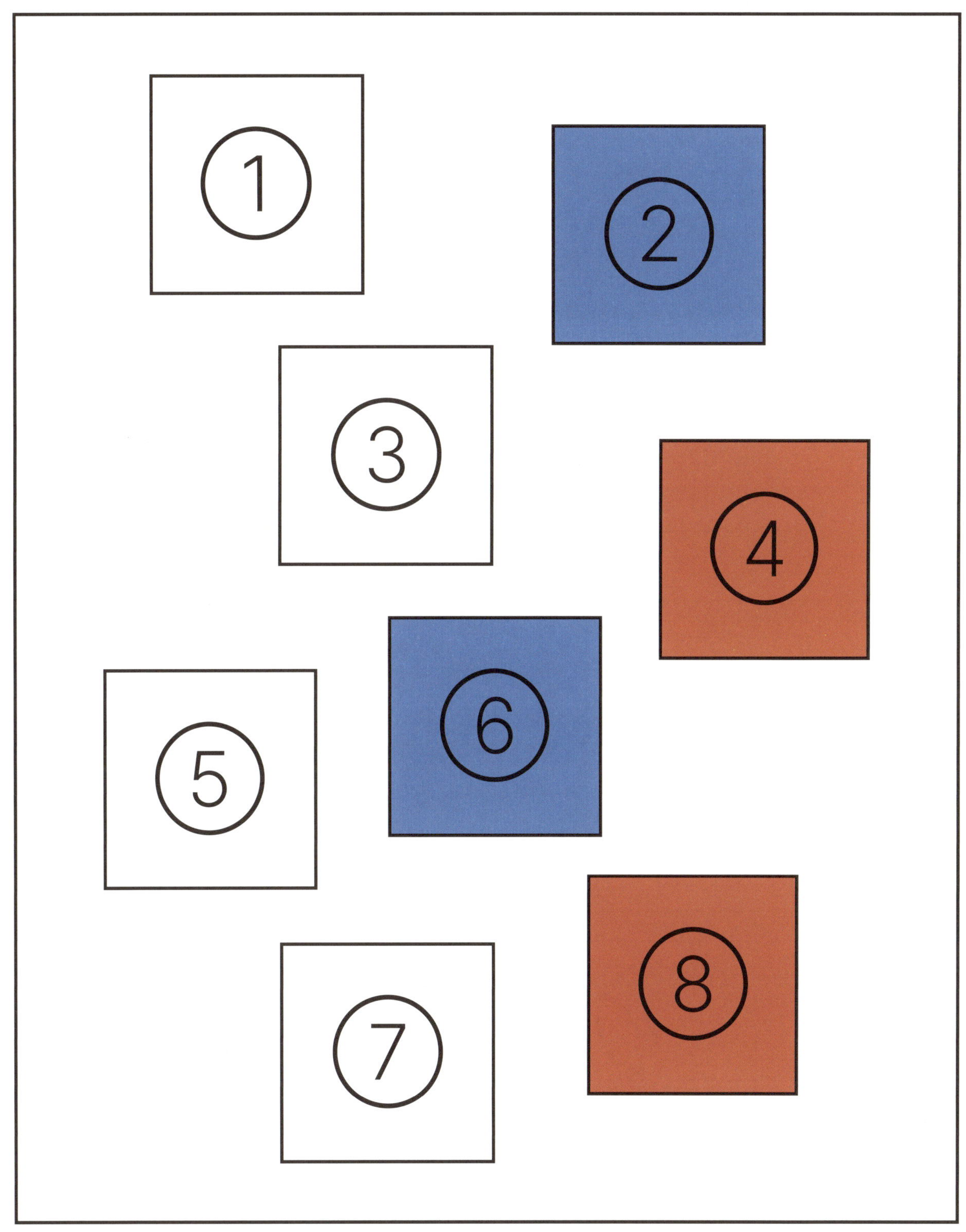

앞에서 본 것과 똑같은 숫자에 색칠하세요.

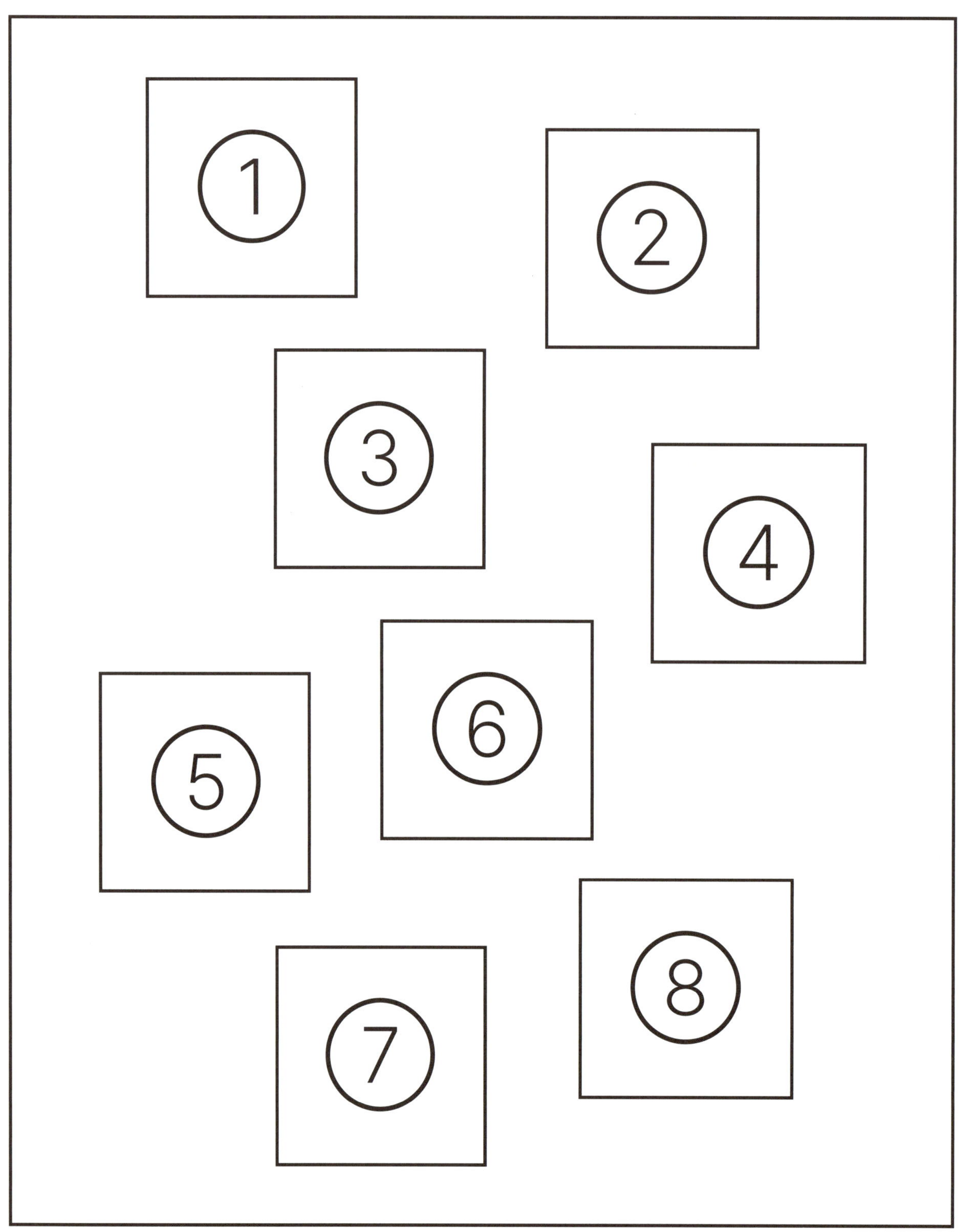

그림을 6~7초 동안 보고 기억하세요.

바구니 안에 있었던 물건에 〇표 하세요.

그림을 6~7초 동안 보고 기억하세요.

앞에서 본것과 똑같은 호수에 〇표 하세요.

①	②
1503호	5305호
③	④
1305호	2105호

그림을 6~7초 동안 보고 기억하세요.

1. 시지각&작업기억

1번 칸에 있었던 과일에 ◯표 하세요.

2번 칸에 있었던 과일에 ◯표 하세요.

앞에서 본 과일의 개수에 ◯표 하세요.

그림에 없었던 과일에 ◯표 하세요.

그림을 6~7초 동안 보고 기억하세요.

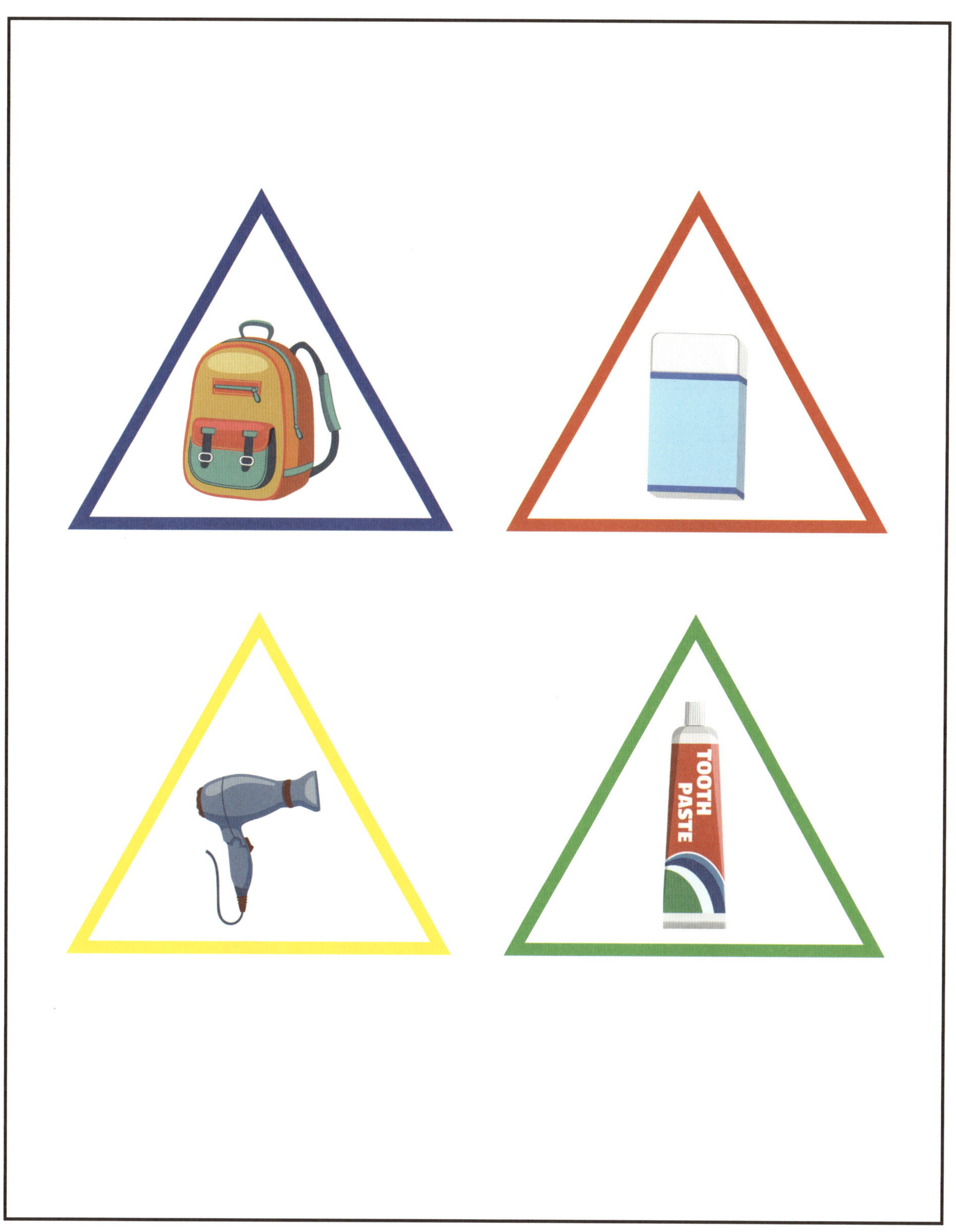

치약이 있었던 세모에 ○표 하세요.

드라이기가 있었던 세모의 색깔에 ○표 하세요.

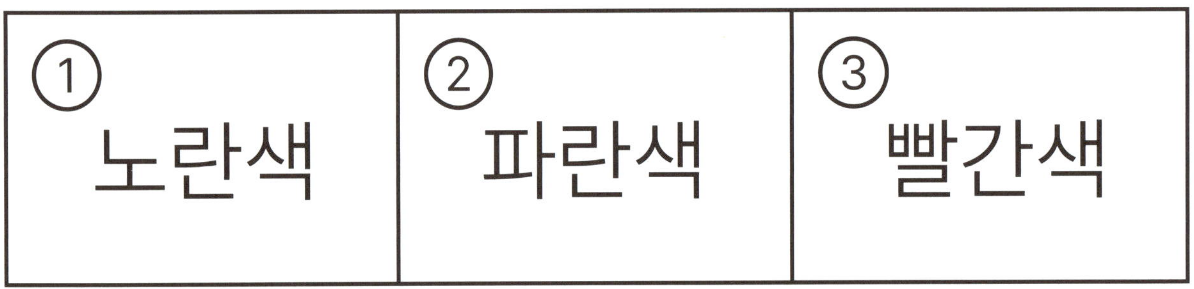

빨간색 세모에 있었던 물건에 ○표 하세요.

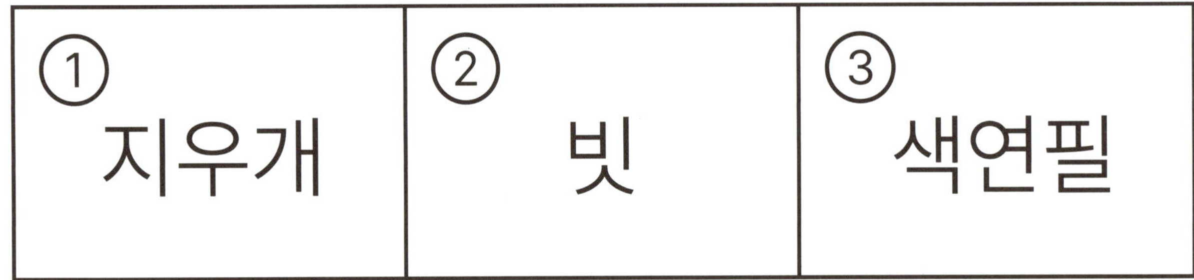

그림에 없었던 물건에 ○표 하세요.

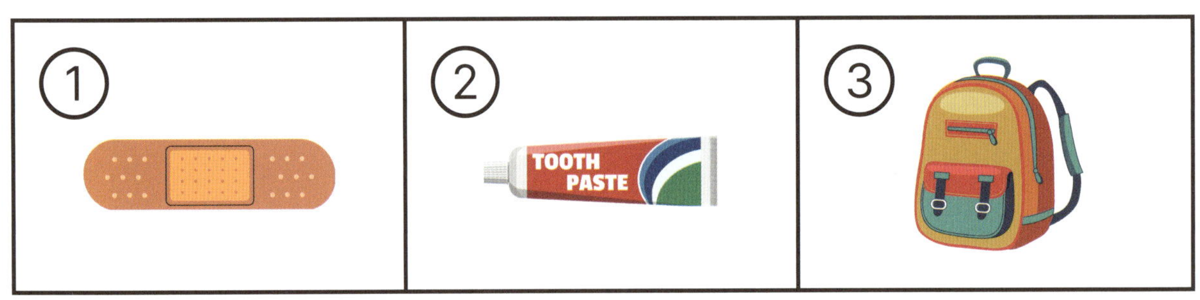

그림을 7~8초 동안 보고 기억하세요.

앞에서 본 것과 똑같은 숫자에 색칠하세요.

1. 시지각&작업기억

그림을 7~8초 동안 보고 기억하세요.

앞에서 본 것과 똑같은 숫자에 색칠하세요.

그림을 7~8초 동안 보고 기억하세요.

앞에서 본 것과 똑같은 그림에 ○표 하세요.

그림을 7~8초 동안 보고 기억하세요.

앞에서 본 것과 똑같은 색깔에 ○표 하세요.

<table>
<tr><td>

① 빨간색
갈색
초록색
파란색
분홍색

</td><td>

② 검은색
갈색
연두색
노란색
분홍색

</td></tr>
<tr><td>

③ 보라색
연두색
파란색
하늘색
주황색

</td><td>

④ 빨간색
검은색
보라색
초록색
주황색

</td></tr>
</table>

글자를 7~8초 동안 보고 기억하세요.

치킨

피자

콜라

젤리

사탕

앞에서 본 것과 똑같은 글자에 ○표 하세요.

① 치킨 햄버거 호박 과자 사탕	② 초콜릿 콜라 감자 두부
③ 피자 치즈 사이다 어묵	④ 치킨 피자 콜라 사탕 젤리

그림을 7~8초 동안 보고 기억하세요.

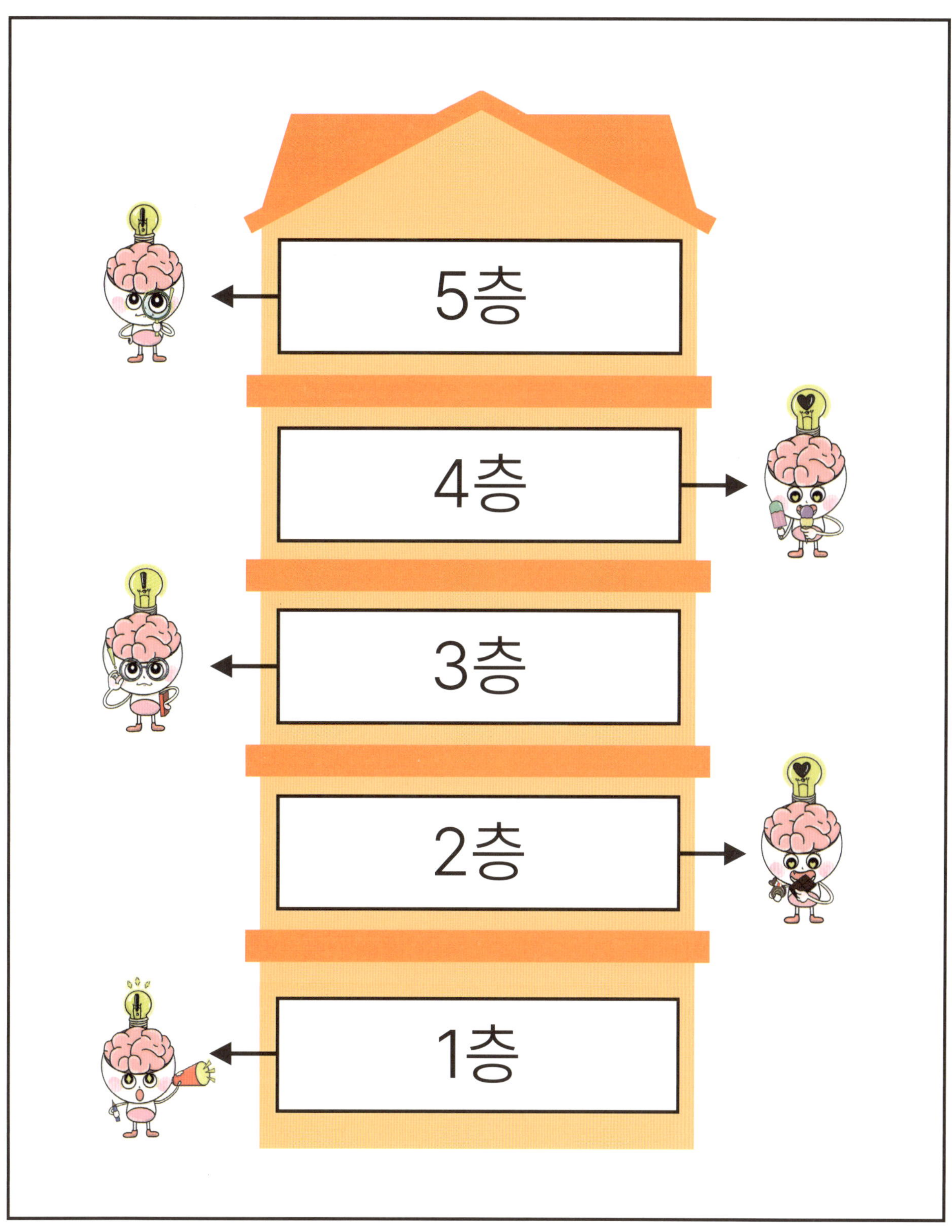

아파트 층 수에 ◯표 하세요.

4층에 있었던 빤짝이에 ◯표 하세요.

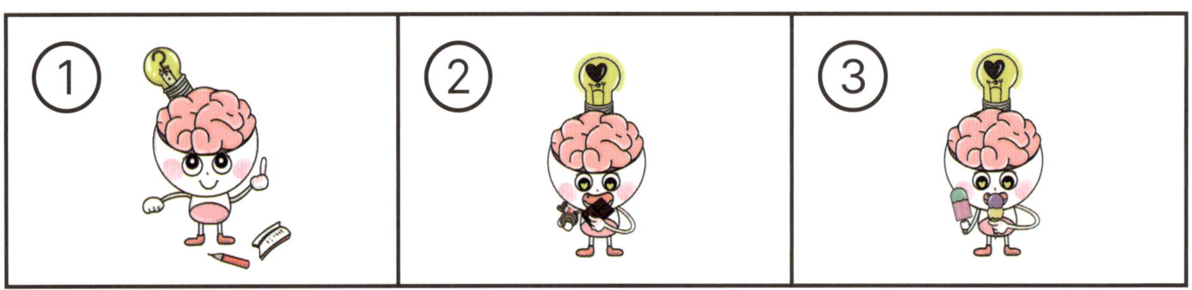

안경 쓴 빤짝이가 있던 층에 ◯표 하세요.

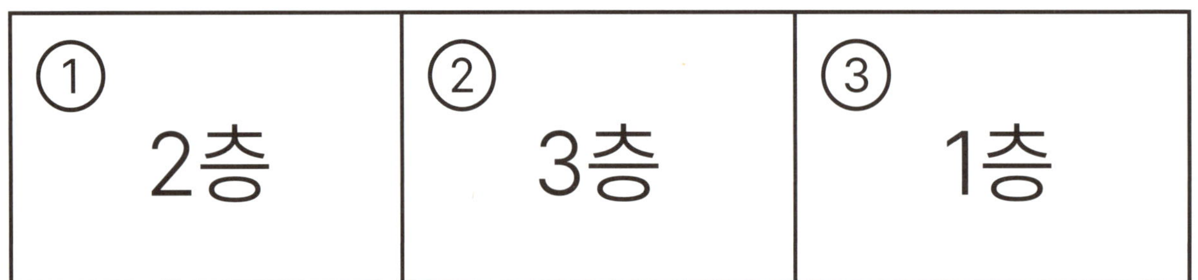

그림에 없었던 빤짝이에 ◯표 하세요.

그림을 7~8초 동안 보고 기억하세요.

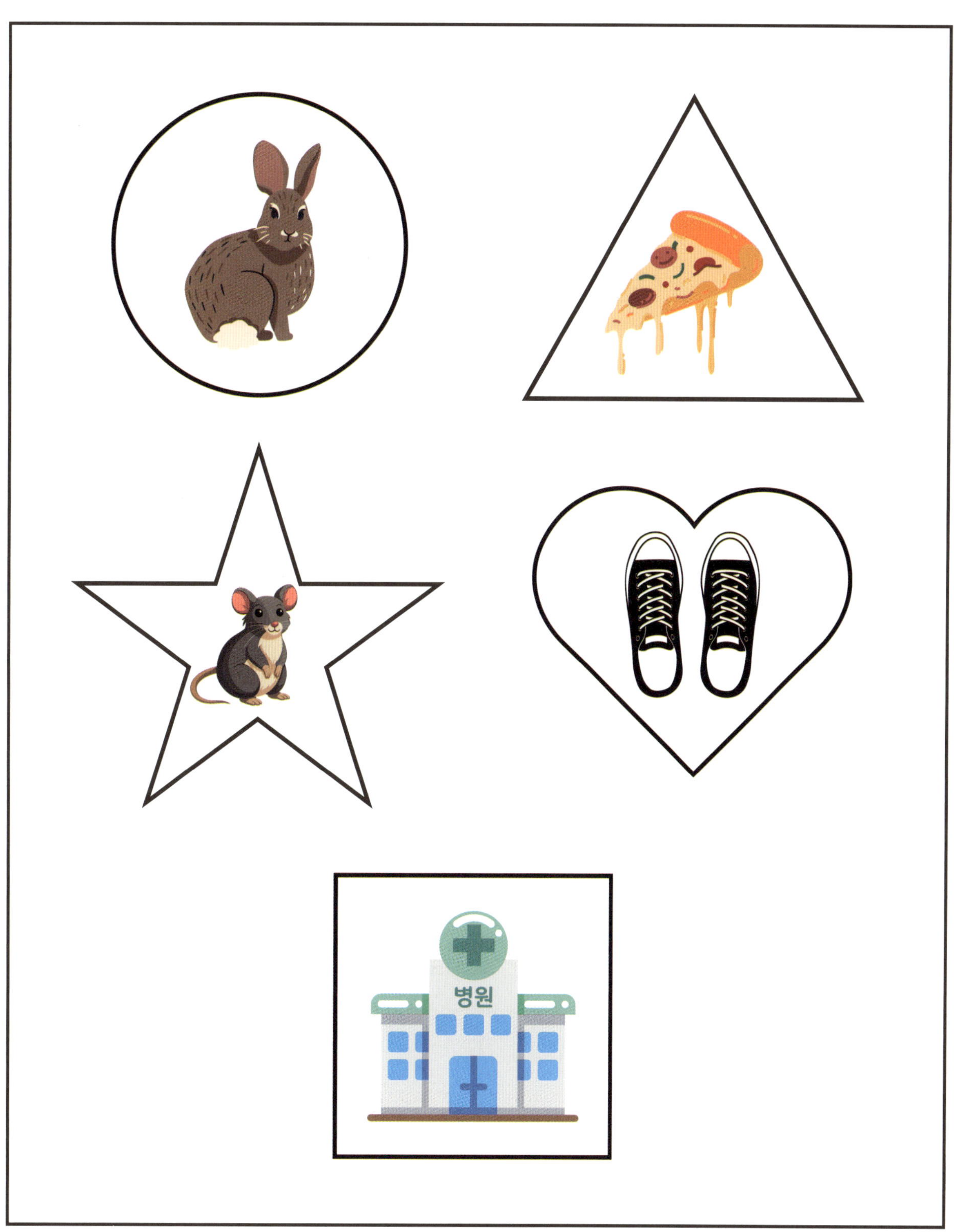

쥐가 있었던 모양에 ○표 하세요.

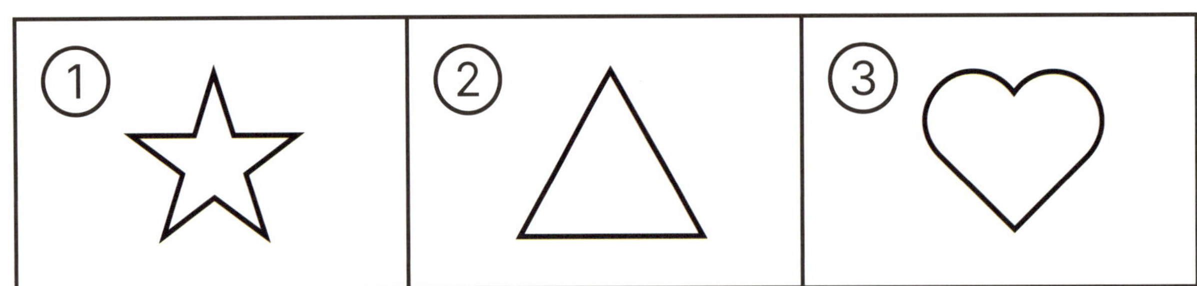

그림의 개수에 ○표 하세요.

네모 모양 안에 있었던 건물에 ○표 하세요.

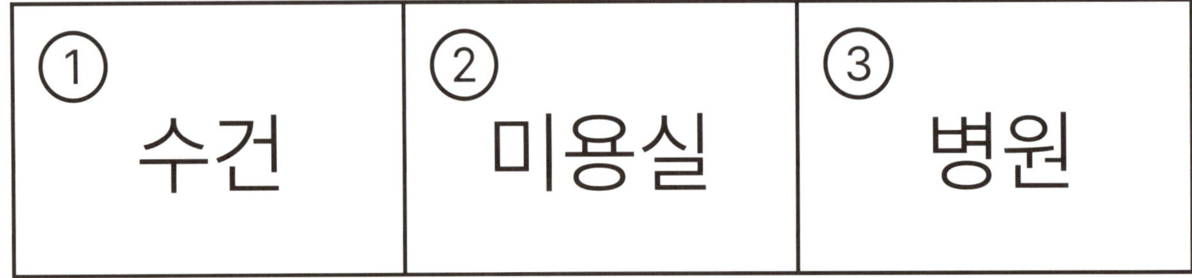

그림에 없었던 것에 ○표 하세요.

①	②	③
신발	양	피자

QR을 활용해 소리를 잘 들어보세요.

①

②

③

QR을 활용해 소리를 잘 들어보세요.

①

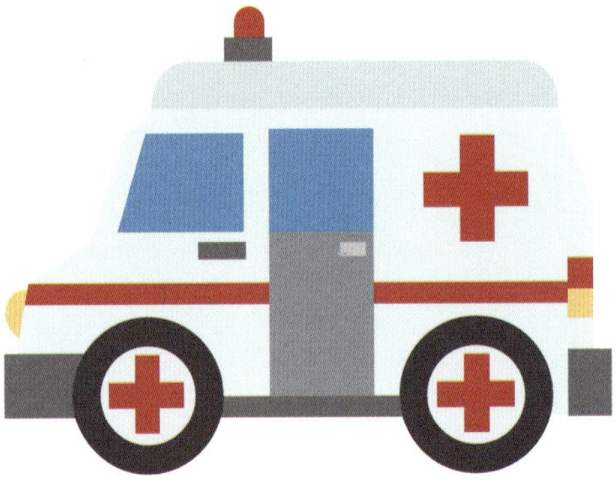

②

③

QR을 활용해 소리를 잘 들어보세요.

<table>
<tr><td>①</td><td>②</td></tr>
<tr><td>③</td><td>④</td></tr>
</table>

2. 청지각&작업기억

QR을 활용해 소리를 잘 들어보세요.

①	②
③	④

QR을 활용해 소리를 듣고, 질문에 답하세요.

(주의사항: 소리가 연속으로 녹음되어 있으니, 일시정지 기능을 사용하세요.)

젖소는 몇 번 울었나요?

3번 / 4번 / 5번

호루라기는 몇 번 소리가 났나요?

3번 / 4번 / 5번

초인종은 몇 번 소리가 났나요?

3번 / 4번 / 5번

QR을 활용해 소리를 듣고, 질문에 답하세요.

(주의사항: 소리가 연속으로 녹음되어 있으니, 일시정지 기능을 사용하세요.)

벨은 몇 번 울렸나요?

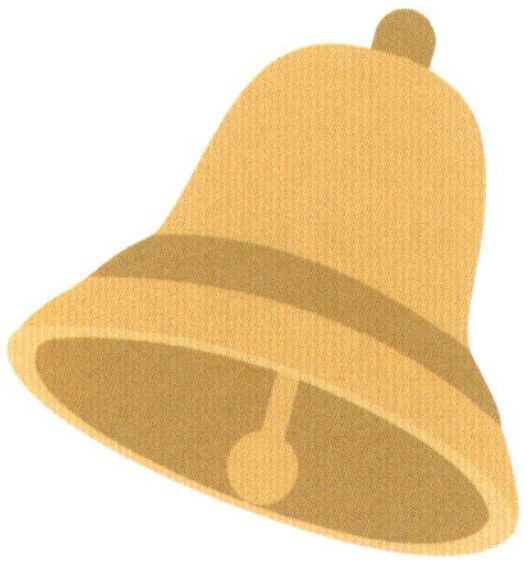

3번 / 4번 / 5번

리코더는 몇 번 소리를 냈나요?

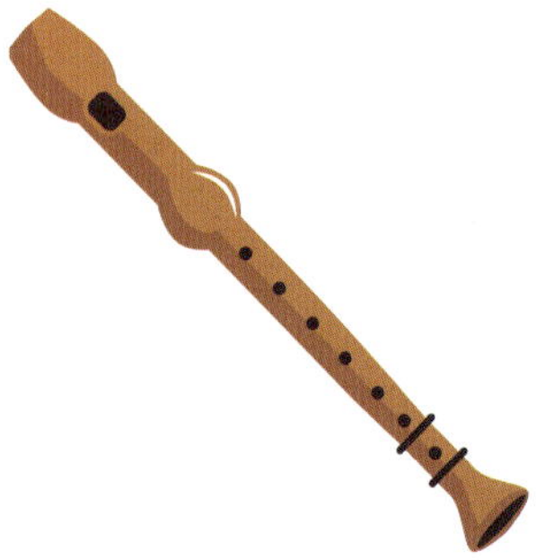

3번 / 4번 / 5번

아기는 몇 번 울었나요?

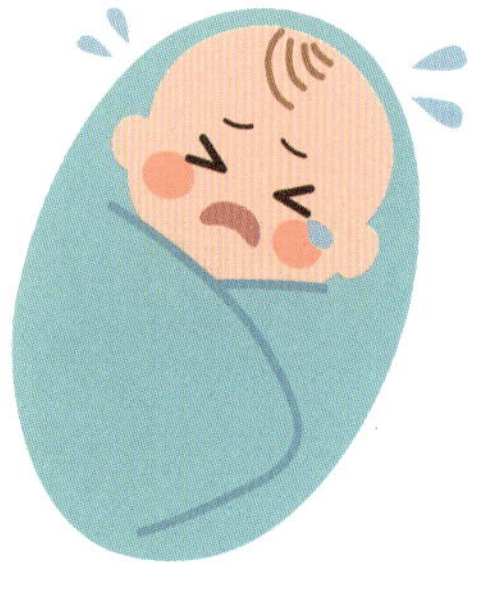

3번 / 4번 / 5번

QR을 활용해 소리를 듣고, 질문에 답하세요.

(주의사항: 소리가 연속으로 녹음되어 있으니, 일시정지 기능을 사용하세요.)

강아지는 몇 번 짖었나요?

3번 / 4번 / 5번

닭은 몇 번 소리를 냈나요?

3번 / 4번 / 5번

새는 몇 번 소리를 냈나요?

3번 / 4번 / 5번

QR을 활용해 소리를 듣고, 질문에 답하세요.

(주의사항: 소리가 연속으로 녹음되어 있으니, 일시정지 기능을 사용하세요.)

박수는 몇 번 쳤나요?

3번 / 4번 / 5번

고양이는 몇 번 소리를 냈나요?

3번 / 4번 / 5번

경적소리는 몇 번 울렸나요?

3번 / 4번 / 5번

QR을 활용해 숫자 4개를 끝까지 듣고, 순서대로 숫자 스티커를 붙이세요.

(주의사항: 소리가 연속으로 녹음되어 있으니, 일시정지 기능을 사용하세요.)

① ◯ ◯ ◯ ◯

② ◯ ◯ ◯ ◯

③ ◯ ◯ ◯ ◯

④ ◯ ◯ ◯ ◯

⑤ ◯ ◯ ◯ ◯

QR을 활용해 숫자 4개를 끝까지 듣고, 거꾸로 숫자 스티커를 붙이세요.

(주의사항: 소리가 연속으로 녹음되어 있으니, 일시정지 기능을 사용하세요.)

① ◯ ◯ ◯ ◯

② ◯ ◯ ◯ ◯

③ ◯ ◯ ◯ ◯

④ ◯ ◯ ◯ ◯

⑤ ◯ ◯ ◯ ◯

QR을 활용해 숫자 5개를 끝까지 듣고, 순서대로 쓰세요.

(주의사항: 소리가 연속으로 녹음되어 있으니, 일시정지 기능을 사용하세요.)

① ◯ ◯ ◯ ◯ ◯

② ◯ ◯ ◯ ◯ ◯

③ ◯ ◯ ◯ ◯ ◯

④ ◯ ◯ ◯ ◯ ◯

⑤ ◯ ◯ ◯ ◯ ◯

QR을 활용해 숫자 5개를 끝까지 듣고, 거꾸로 쓰세요.

(주의사항: 소리가 연속으로 녹음되어 있으니, 일시정지 기능을 사용하세요.)

① ◯ ◯ ◯ ◯ ◯

② ◯ ◯ ◯ ◯ ◯

③ ◯ ◯ ◯ ◯ ◯

④ ◯ ◯ ◯ ◯ ◯

⑤ ◯ ◯ ◯ ◯ ◯

QR을 활용해 5개의 소리를 끝까지 듣고,
순서대로 숫자를 쓰세요.

①	②
③	④ ④

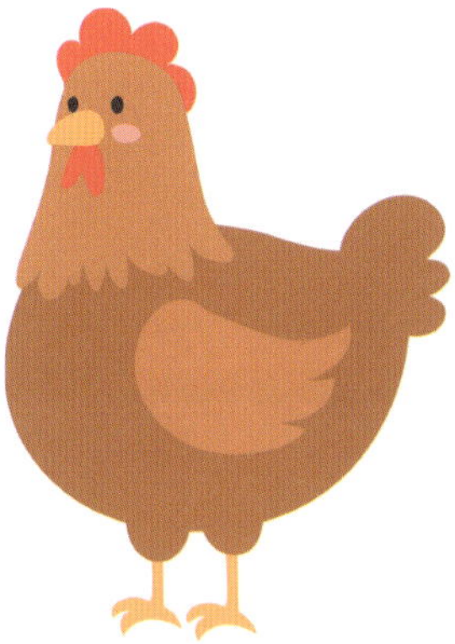

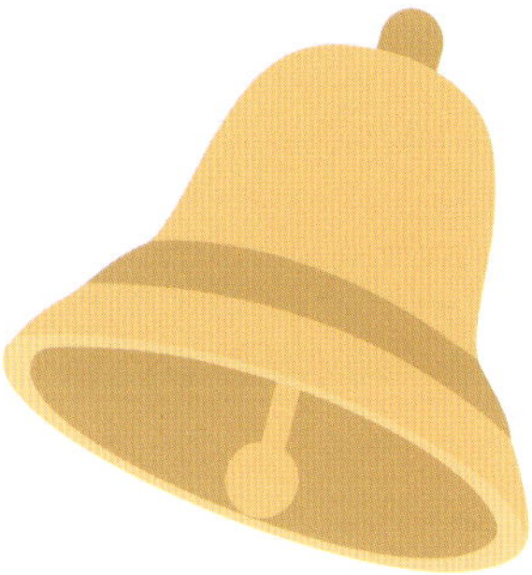

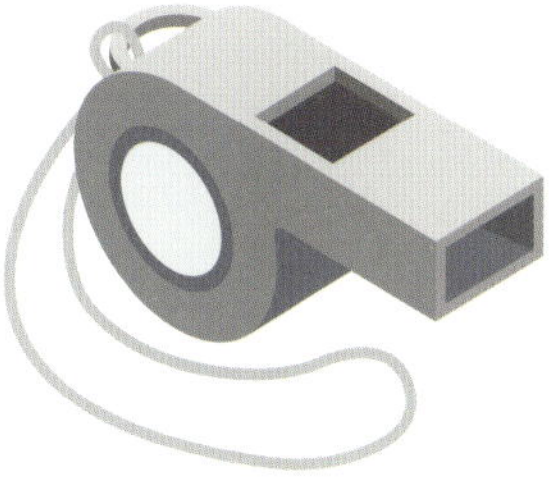

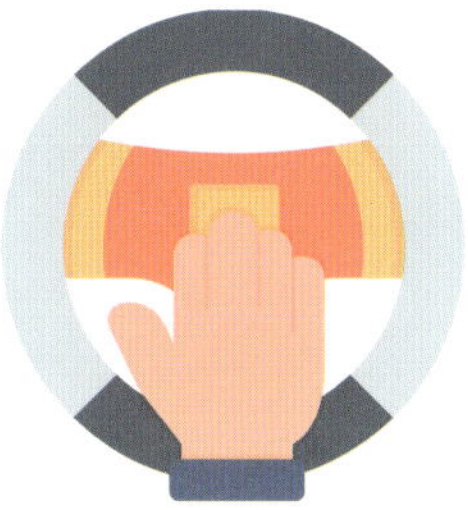

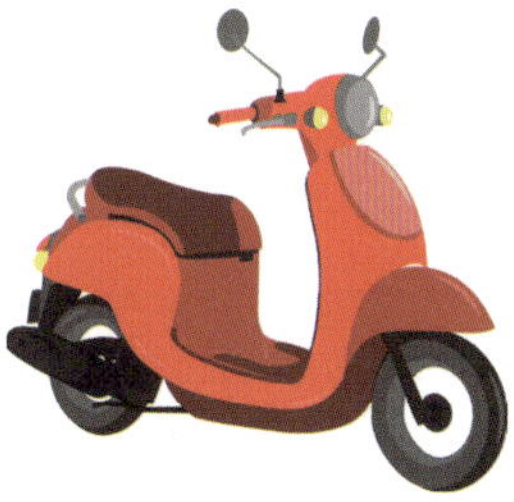

2. 청지각&작업기억

QR을 활용해 5개의 소리를 끝까지 듣고,
순서대로 숫자를 쓰세요.

①

②

③

④

④

부록 15의 이야기를 끝까지 듣고, 알맞은 그림에 ○표 하세요.

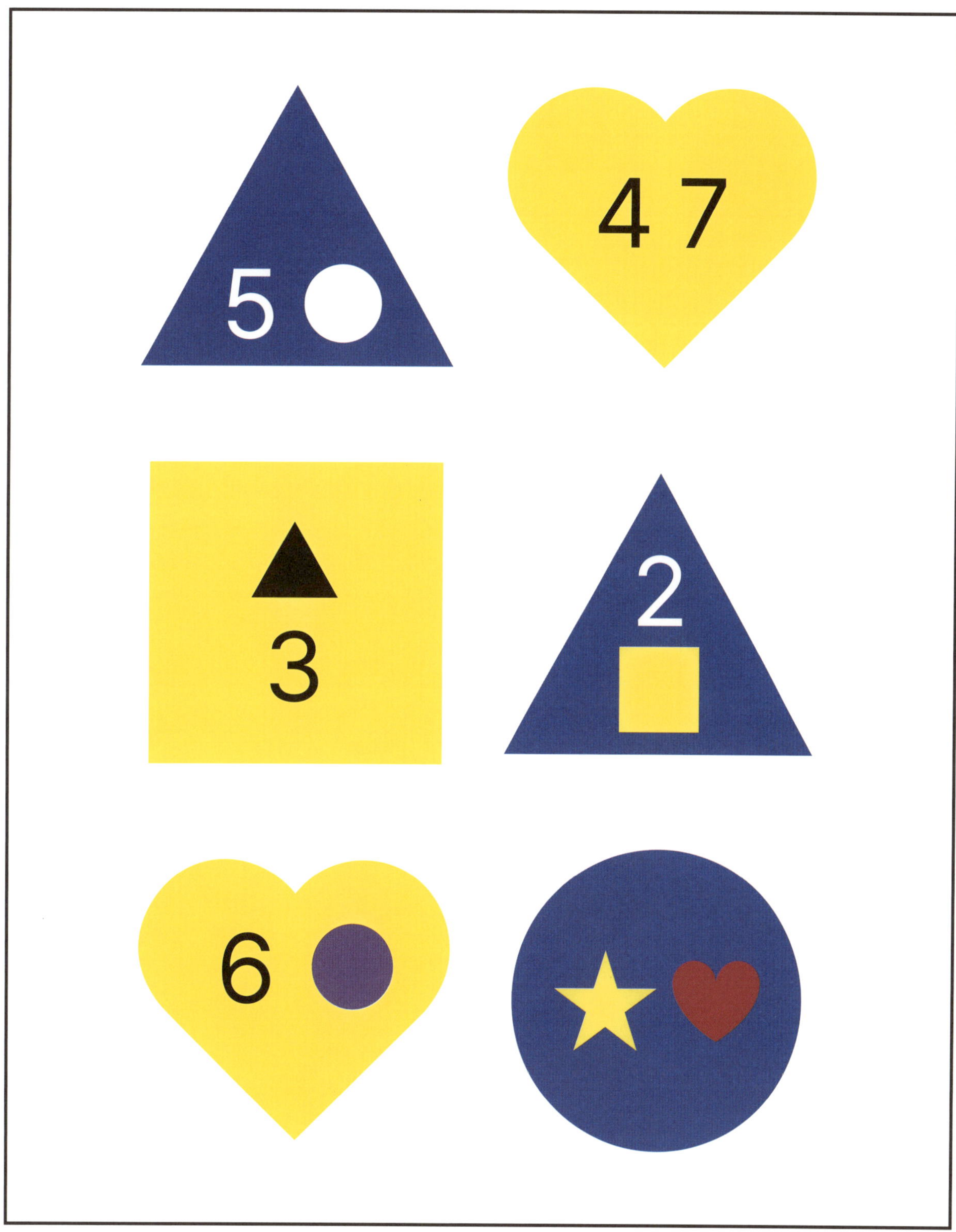

부록 16의 이야기를 끝까지 듣고, 알맞은 숫자에 〇표 하세요.

7	10	2	8
4	1	3	2
6	5	9	6
7	1	3	8
1	9	4	5
2	9	10	6

부록 17의 이야기를 끝까지 듣고, 동전지갑의 주인 이름을 쓰세요.

부록 18의 이야기를 끝까지 듣고, 질문에 답하세요.

준하 신발에 ◯표 하세요.

근형이의 컵에 ◯표 하세요.

진모의 장난감에 ◯표 하세요.

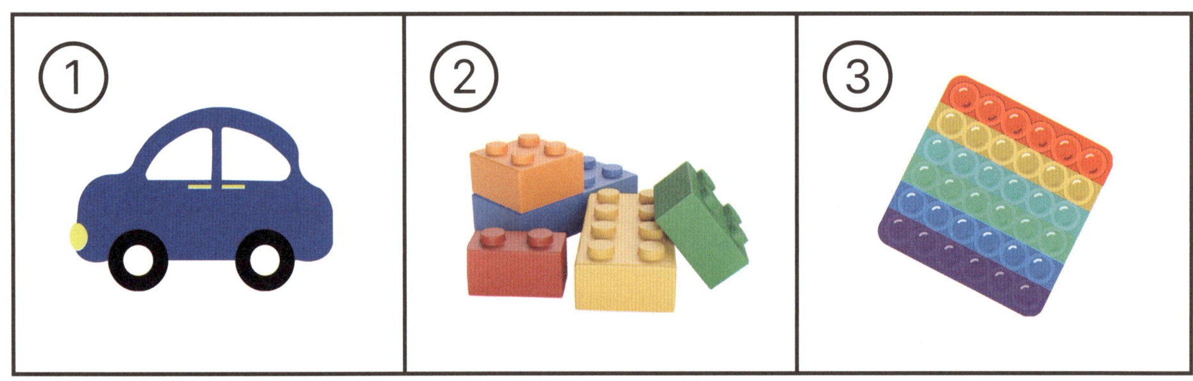

부록 19의 이야기를 끝까지 듣고, 알맞은 동물에 ○표 하세요.

부록 20의 이야기를 끝까지 듣고, 알맞은 그림에 ◯표 하세요.

2. 청지각&작업기억

부록 21의 이야기를 끝까지 듣고, 빈칸에 번호를 쓰세요.

① 미정이 핸드폰 번호

010-2134-○○○○

② 서율이 핸드폰 번호

010-4488-○○○○

③ 시온이 핸드폰 번호

010-○○○○-5392

④ 태경이 핸드폰 번호

010-1993-○○○○

⑤ 하성이 핸드폰 번호

010-○○○○-7892

부록 22의 이야기를 끝까지 듣고, 질문에 답하세요.

< 지율 >

여수   서울
부산   대전   수원

< 건율 >

용인   울산
포항
목포   순천

< 채율 >

강릉   천안
경주
충주   광주

부록 23의 이야기를 끝까지 듣고, 알맞은 것에 ◯표 하세요.

부록 24의 이야기를 끝까지 듣고, 질문에 답하세요.

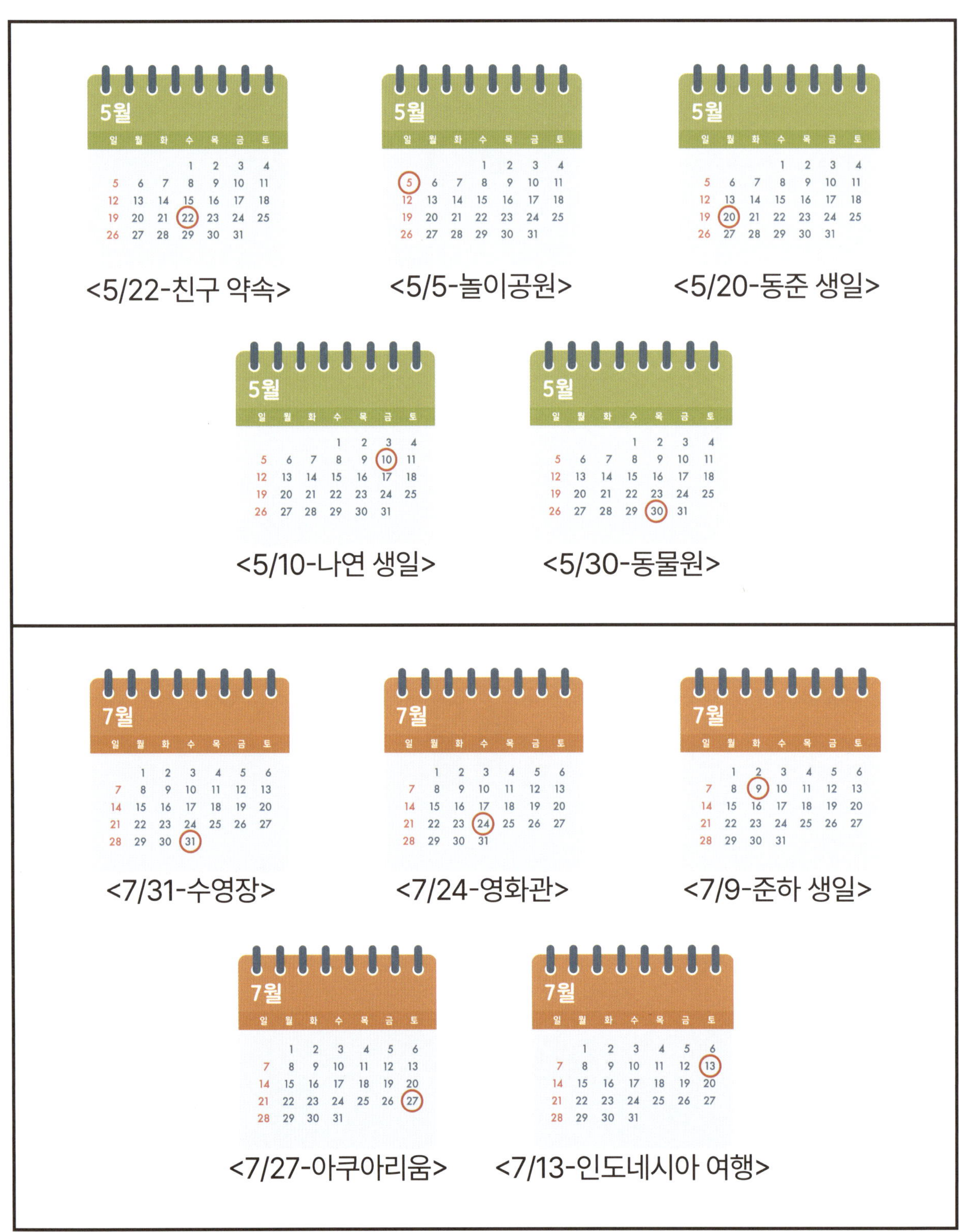

<5/22-친구 약속>

<5/5-놀이공원>

<5/20-동준 생일>

<5/10-나연 생일>

<5/30-동물원>

<7/31-수영장>

<7/24-영화관>

<7/9-준하 생일>

<7/27-아쿠아리움>

<7/13-인도네시아 여행>

부록 25의 이야기를 끝까지 듣고, 질문에 답하세요.

< 채연 >

일본　　　　태국
　　필리핀　　　영국
인도네시아　　베트남

< 시현 >

인도　　　　프랑스
　　중국　　　뉴질랜드
대만　　벨기에

< 현지 >

영국　　　　미국
　　이탈리아　　터키
몽골　　　필란드

부록 26의 이야기를 끝까지 듣고, 질문에 답하세요.

우태가 탄 지하철의 호선을 순서대로 찾아서 ○표 하세요.

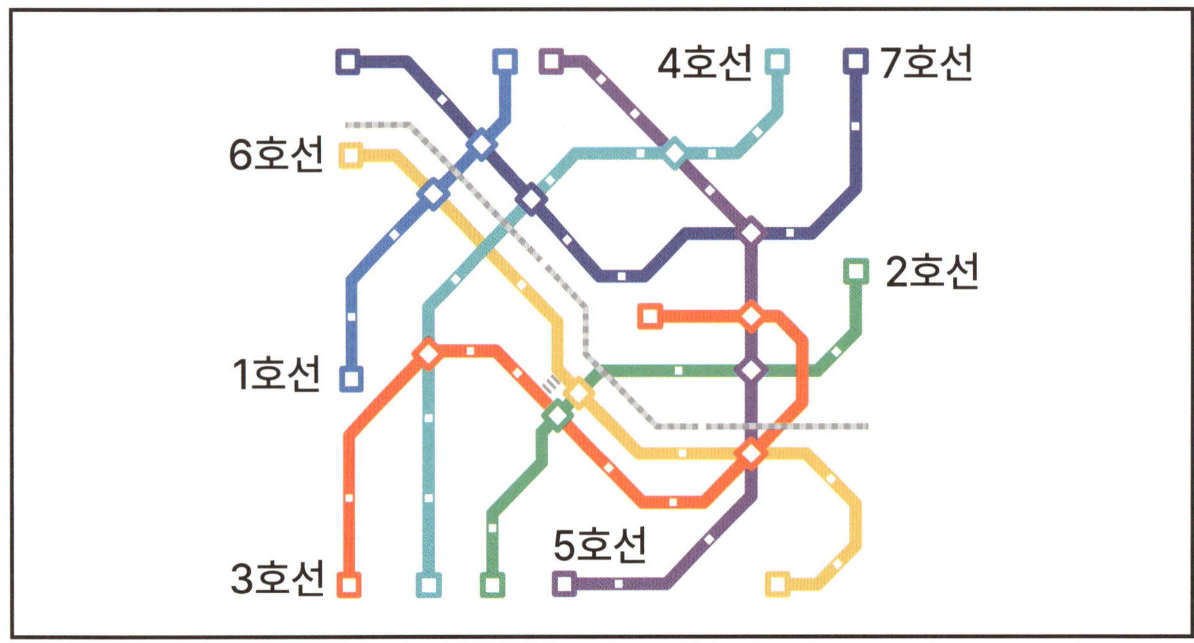

동근이가 있었던 지하철 역에 모두 ○표 하세요.

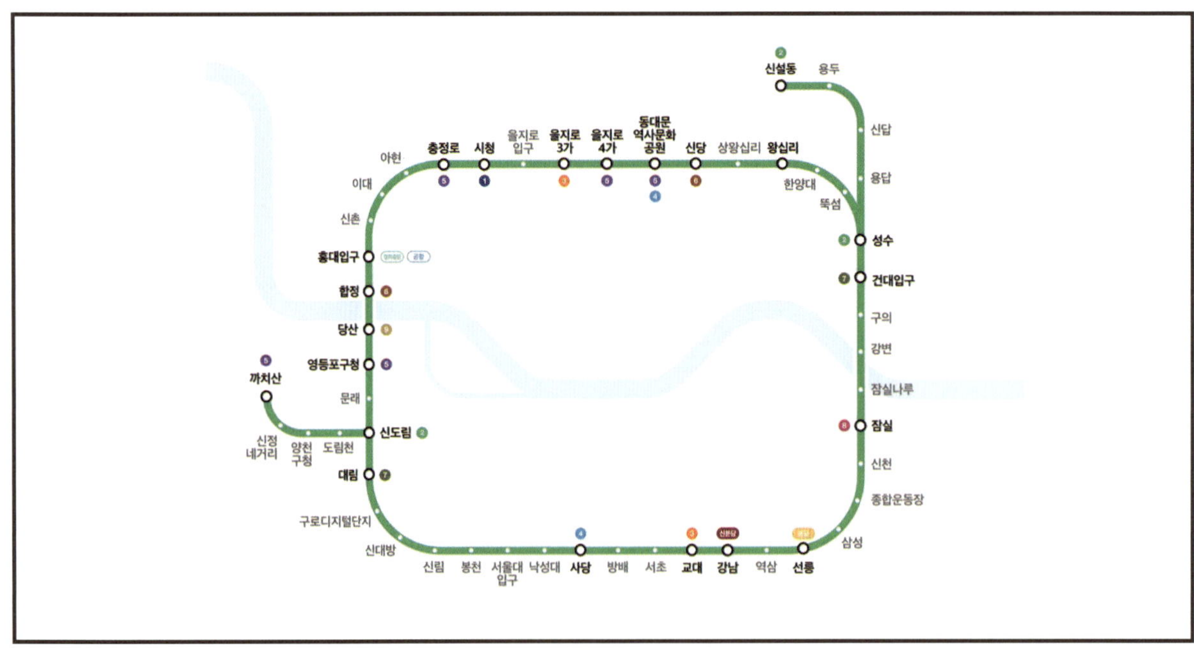

참 잘했어요!

위 어린이는 열심히 과제를 수행했기에
이 상을 주어 칭찬합니다.

이름 : ___________________________

날짜 : ___________________________

참고 문헌

◆ 곽금주,and 김청택. "한국 웩슬러아동지능검사 (K-WISC-3) 표준화연구 (1): 신뢰도와 구성타당도." 한국심리학회지 발달 15.1 (2002): 19-33. 이경옥,박혜원,and 이상희. "한국 웩슬러 유아지능검사 4판(K-WPPSI-IV)의 지능구조 분석." 한국아동학회 학술발표논문집 2016.5 (2016):117-118.

◆ 박혜원(Hye Won Park),서예나(Ye Na Seo),and 이진숙(Jin Suk Lee). "한국 웩슬러유아지능검사 4판(K-WPPSI-IV)의 공준타당도 연구." 아동 학회지 36.1 (2015): 65-83.

◆ 김주현(Juhyun Kim),and 박혜원(Hyewon Park). "영재유아와 일반유아의 웩슬러 유아지능검사 수행에 대한 문헌 분석: 한국 및 미국 유아의 비 교.

◆ 이경옥(KyungOk Lee),박혜원(Hyewon Park),and 이상희(Sanghee Lee). "한국 웩슬러 유아지능검사 4판(K-WPPSI-IV)의 지능구조에 관한 연 구." 아동학회지 37.6 (2016): 107-117." 인지발달중재학회지 12.1 (2021): 23-47.

◆ 박혜원(Hye Won Park),and 이정미(Jung Mee Lee). "자폐 아동의 특성에 따른 K - WPPSI 수행 분석." 아동학회지 23.4 (2002): 185-197. 문수 백. "WISC-IV 보충하위검사의 심리측정적 대체능력 검증." 발달장애연구 15.1 (2011): 147-177.

◆ 위지희,and 오은영. "언어장애아동과 정상아동의 K-WPPSI 수행분석 비교." 예술인문사회융합멀티미디어논문지 8.1 (2018): 507-517. 소지희. "작 업기억과 지능의 관계에 있어서 청각장애의 조절효과." 국내석사학위논문 전북대학교 교육대학원, 2009. 전북특별자치도 김상원,and 김충육. "아동 인지능력 평가의 최근 동향: CHC이론과 K-WISC-IV." 한국심리학회지 학교 8.3 (2011): 337-358. 김선은,and 최종옥. "K-WISC-IV의 요인구조 분 석." Korean Journal of Clinical Psychology 33.1 (2014): 93-105.

◆ 신고은,and 신민섭. "ADHD 집단의 지능수준에 따른 신경심리 검사들의 반응 특징." 한국심리치료학회지 5.2 (2013): 131-142.

◆ 권애란 (Ae Ran Kwon),and 홍창희 (Chang Hee Hong). "주의력 문제를 호소하는 아동, 청소년의 K-WISC-IV 및 ATA의 특성." 정서 · 행동장 애연구 31.2 (2015): 403-419.

◆ 서종만(Jong-Man Seo),이중선(Jung-Sun Lee),김성윤(Seong-Yoon Kim),and 김효원(Hyo-Won Kim). "주의력결핍 과잉행동장애 아동에서 종합주의력검사의 진단적 유용성." 소아청소년정신의학 22.4 (2011): 246-252.

◆ 이찬화,유은영,박혜연,and 이지연. "청지각 훈련(The Listening Program)이 주의력결핍 과잉행동장애 아동의 감각처리 및 주의집중력에 미치는 영 향." 특수교육재활과학연구 61.1 (2022): 325-347.

◆ 이경화(Lee Kyeong-Hwa),손원경(Son Won-Kyoung),and 윤미숙(Yoon Mi Suk). "유아용 주의력 검사의 개발과 타당화." 열린유아교육연구 13.4 (2008): 263-282.

◆ S Dickerson Mayes,S L Calhoun,E W Crowell. "WISC-III freedom from distractibility as a measure of attention in children with and without Attention Deficit Hyperactivity Disorder" Journal of Attention Disorders : 217-227.

◆ Krane E ,Tannock R . "WISC-III third factor indexes learning problems but not Attention Deficit/Hyperactivity Disorder" Journal of Attention Disorders : 69-78.

◆ Allen D N ,Thaler N S ,Donohue B ,Mayfield J . "WISC-IV Profiles in Children With Traumatic Brain Injury: Similarities to and Differences From the WISC-III" Psychological assessment : 57-64.

◆ Mayes S D ,Calhoun S L . "WISC-IV and WISC-III Profiles in Children With ADHD" Journal of Attention Disorders : 486-493.

◆ AudrasTorrent Lee,Miniarikova Ela,Couty Flore,Dellapiazza Florine,Berard Mathilde,Michelon Cécile,Picot Marie Christine,Baghdadli Amaria."WISCV Profiles and Their Correlates in Children with Autism Spectrum Disorder without Intellectual Developmental Disorder: Report from the ELENA Cohort" Autism Research : 997-1006.

◆ Susana P Urbina,Julia P Clayton. "WPPSI-R/WISC-R: A Comparative Study" Journal of psychoeducational assessment : 247254.

◆ McCrowell K L , Nagle R J . "Comparability of the WPPSI-R and the S-B:IV among Preschool Children" Journal of psychoeducational assessment : 126.

◆ Gibbons Aisa,Warne Russell T . "First publication of subtests in the Stanford-Binet 5, WAIS-IV, WISC-V, and WPPSI-IV" Intelligence : 9-18.

◆ Susana P Urbina,Julia P Clayton. "WPPSI-R/WISC-R: A Comparative Study" Journal of psychoeducational assessment : 247254.

◆ Wechsler, David. Wechsler intelligence scale for children. New York(State): The Psychological, 1949.

◆ Wechsler, David. Wechsler's Measurement and appraisal of adult intelligence. Maryland: Williams & Wilkins, 1972.

◆ Wechsler, David. Manual for the Wechsler adult intelligence scale. The Psychological Corporation, 1955.

◆ Patterson, C. H. The Wechsler-Bellevue scales. Illinois: Thomas, 1953. Flanagan, Dawn P. Essentials of WISC-IV assessment. New Jersey: Wiley, 2011. Flanagan, Dawn P.. Essentials of WISC-V assessment. New Jersey: Wiley, 2017. Weiler, Ellie. Analogies. Massachusetts: Remdeia publications, 1998.

순서와 상관 없이 이야기를 들려주세요.

① 남자 아이가 **양말**을 신어요.	② 남자 아이가 **그림**을 그려요.
③ 여자 아이가 **머리**를 빗어요.	④ 남자 아이가 **우비**를 입었어요.
⑤ 남자 아이가 **옷**을 입고 있어요.	⑥ 여자가 **세수**를 해요.

순서와 상관 없이 이야기를 들려주세요.

① 친구들이 **시소**를 타고있어요.	② 남자 아이가 **공부**를 해요.
③ 친구가 **그네**를 밀어줘요.	④ 친구들이 **공놀이**를 해요.
⑤ 친구들이 **자전거**를 타요.	⑥ 친구들이 **청소**를 해요.

순서와 상관 없이 이야기를 들려주세요.

① 엘리베이터가 **2층**에 있어요.	② 엘리베이터가 **4층**에 있어요.
③ 엘리베이터가 **1층**에 있어요.	④ 엘리베이터가 **3층**에 있어요.
⑤ 엘리베이터가 **5층**에 있어요.	⑥ 엘리베이터가 **6층**에 있어요.

순서와 상관 없이 이야기를 들려주세요.

① 분홍색 하트와 노란색 별 모양이 있어요.	② 보라색 네모와 초록색 동그라미 모양이 있어요.
③ 파란색 동그라미와 검은색 세모 모양이 있어요.	④ 갈색 별과 주황색 하트 모양이 있어요.
⑤ 주황색 네모와 빨간색 하트 모양이 있어요.	⑥ 회색 동그라미와 하늘색 세모 모양이 있어요.

순서와 상관 없이 이야기를 들려주세요.

① 유리병에 **파란색** 구슬이 있어요.	② 유리병에 **보라색** 구슬이 있어요.	③ 유리병에 **노란색** 구슬이 있어요.
④ 유리병에 **분홍색** 구슬이 있어요.	⑤ 유리병에 **갈색** 구슬이 있어요.	⑥ 유리병에 **검은색** 구슬이 있어요.
⑦ 유리병에 **빨간색** 구슬이 있어요.	⑧ 유리병에 **연두색** 구슬이 있어요.	⑨ 유리병에 **하늘색** 구슬이 있어요.

순서와 상관 없이 이야기를 들려주세요.

① 유리병에 **빨간색 구슬**과 **파란색 구슬**이 있어요.	② 유리병에 **갈색 구슬**과 **보라색 구슬**이 있어요.	③ 유리병에 **분홍색 구슬**과 **노란색 구슬**이 있어요.
④ 유리병에 **하늘색 구슬**과 **연두색 구슬**이 있어요.	⑤ 유리병에 **노란색 구슬**과 **갈색 구슬**이 있어요.	⑥ 유리병에 **파란색 구슬**과 **검은색 구슬**이 있어요.
⑦ 유리병에 **분홍색 구슬**과 **빨간색 구슬**이 있어요.	⑧ 유리병에 **보라색 구슬**과 **검은색 구슬**이 있어요.	⑨ 유리병에 **연두색 구슬**과 **하늘색 구슬**이 있어요.

순서와 상관 없이 이야기를 들려주세요.

① 준하는 **드라이기**로 머리를 말렸어요.	② 나연이는 **핸드폰**으로 통화를 했어요.	③ 동준이는 집에 가서 **침대**에 누웠어요.
④ 혜숙이는 도서관에서 **책**을 읽었어요.	⑤ 비가 와서 종한이는 **우산**을 챙겼어요.	⑥ 산하는 점심에 **팝콘**을 먹었어요.
⑦ 진회는 너무 더워서 **에어컨**을 켰어요.	⑧ 지혜의 **컵에는** **물이 많이** 있어요.	⑨ 보형이는 수영장에 가서 **수영복**을 입었어요.

순서와 상관 없이 이야기를 들려주세요.

① 채율이는 **빵**을 먹은 후에 **사탕**을 먹었어요.	② 지율이는 **차** 안에서 **콜라**를 마셨어요.	③ 건율이는 **로봇 장난감**으로 놀고 나서 **치킨**을 먹었어요.
④ 승우는 **모자**를 쓰고 **자동차 키**를 들고 있어요.	⑤ 하나는 비가 오는 날에 **우비**를 입고 **장화**를 신었어요.	⑥ 유경이는 **색연필**과 **스케치북**으로 그림을 그렸어요.
⑦ 수민이는 **마녀 분장**을 하고 **사탕이 많은 호박 바구니**를 들었어요.	⑧ 원준이는 **유령 분장**을 하고 **사탕이 없는 호박 바구니**를 들었어요.	⑨ 하림이는 **반팔 티셔츠**를 입은 후에 **운동화**를 신고 외출을 했어요.

순서와 상관 없이 이야기를 들려주세요.

①	②	③
위 바구니에 사과 1개, 귤 1개를 담아주세요.	위 바구니에 망고 1개, 토마토 1개를 담아주세요.	위 바구니에 참외 1개, 포도 1송이를 담아주세요.
④	⑤	⑥
아래 바구니에 딸기 3개, 포도 1송이를 담아주세요.	아래 바구니에 참외 2개, 수박 5통을 담아주세요.	아래 바구니에 망고 4개, 키위 5개를 담아주세요.
⑦	⑧	⑨
위 바구니에 귤 4개, 토마토 1개를 담아주세요	아래 바구니에 사과 4개, 토마토 3개를 담아주세요.	위 바구니에 딸기 2개, 포도 3송이를 담아주세요.

순서와 상관 없이 이야기를 들려주세요.

①	②	③
왼쪽 바구니에 당근 2개, 오이 1개를 담아주세요.	오른쪽 바구니에 양파 5개, 브로콜리 1개를 담아주세요.	왼쪽 바구니에 가지 1개, 고추 2개를 담아주세요.
④	⑤	⑥
오른쪽 바구니에 옥수수 3개, 호박 4개를 담아주세요.	왼쪽 바구니에 고추 1개, 무 2개를 담아주세요.	오른쪽 바구니에 당근 3개, 피망 3개를 담아주세요.
⑦	⑧	⑨
왼쪽 바구니에 무 3개, 오이 4개를 담아주세요.	오른쪽 바구니에 옥수수 2개, 호박 1개를 담아주세요.	왼쪽 바구니에 가지 4개, 브로콜리 3개를 담아주세요.

순서와 상관 없이 이야기를 들려주세요.

① 하트 모양에 분홍색을 색칠하세요.	② 네모 모양에 노란색을 색칠하세요.	③ 별 모양에 파란색을 색칠하세요.
④ 세모 모양에 초록색을 색칠하세요.	⑤ 별 모양에 검은색을 색칠하세요.	⑥ 동그라미 모양에 빨간색을 색칠하세요.
⑦ 하트 모양에 보라색을 색칠하세요.	⑧ 세모 모양에 회색을 색칠하세요.	⑨ 네모 모양에 갈색을 색칠하세요.

순서와 상관 없이 이야기를 들려주세요.

① **갈색 네모**에 **숫자 1**을 쓰세요.	② **빨간색 동그라미**에 **숫자 4**를 쓰세요.	③ **분홍색 하트**에 **숫자 2**를 쓰세요.
④ **보라색 세모**에 **숫자 3**을 쓰세요.	⑤ **파란색 동그라미**에 **숫자 5**를 쓰세요.	⑥ **초록색 세모**에 **숫자 7**을 쓰세요.
⑦ **주황색 별**에 **숫자 6**을 쓰세요.	⑧ **검은색 네모**에 **숫자 9**를 쓰세요.	⑨ **하늘색 하트**에 **숫자 8**을 쓰세요.

순서와 상관 없이 이야기를 들려주세요.

< 아침 > 빠짝이는 아침에 **샌드위치**와 **우유**를 마셨어요.	< 아침 > 티나 선생님은 아침에 **책**을 읽고 난 후에 **피아노**를 쳤어요.
< 점심 > 빠짝이는 점심에 **청소**를 하고 난 후에 **자전거**를 탔어요.	< 점심 > 티나 선생님은 점심에 **비빔밥**과 **도넛**을 먹었어요.
< 간식 > 빠짝이는 간식으로 **초코우유**와 **바나나**를 먹었어요.	< 간식 > 티나 선생님은 간식으로 **딸기**와 **치즈**를 먹었어요.
< 저녁 > 빠짝이는 저녁에 **설거지**를 하고 난 후에 **텔레비전**을 봤어요.	< 저녁 > 티나 선생님은 저녁에 **그림**을 그리고 난 후에 **줄넘기**를 했어요.

순서와 상관 없이 이야기를 들려주세요.

안경을 쓴 빤짝이는
아침에 **토스트**를 먹고,
점심에는 **초밥**를 먹고,
저녁에는 **피자**를 먹었어!

책을 읽는 빤짝이는
아침에 **김밥**을 먹고,
점심에는 **햄버거**를 먹고,
저녁에는 **치킨**을 먹었어!

운동을 하는 빤짝이는
아침에 **밥**을 먹고,
점심에는 **떡볶이**를 먹고,
저녁에는 **라면**을 먹었어!

우주선을 타고 있는 빤짝이는
아침에 **스파게티**를 먹고,
점심에는 **미역국**을 먹고,
저녁에는 **만두**를 먹었어!

순서와 상관 없이 이야기를 들려주세요.

① 파란색 세모 안에 숫자 2, 노란색 네모가 있어요.	② 노란색 네모 안에 숫자3, 검은색 세모가 있어요.
③ 노란색 하트 안에 숫자 7, 4가 있어요.	④ 파란색 세모 안에 하얀색 동그라미와 숫자 5가 있어요.
⑤ 파란색 동그라미 안에 별, 하트 모양이 있어요.	⑥ 노란색 하트 안에 숫자 6, 보라색 동그라미가 있어요.

순서와 상관 없이 이야기를 들려주세요.

① 노란색 숫자 1, 빨간색 숫자 3, 초록색 숫자 5를 찾아주세요.	② 분홍색 숫자 2, 검은색 숫자 4, 보라색 숫자 6을 찾아주세요.
③ 주황색 숫자 8, 갈색 숫자 2, 보라색 숫자 5를 찾아주세요.	④ 분홍색 숫자 7, 빨간색 숫자 2, 파란색 숫자 10을 찾아주세요.
⑤ 하늘색 숫자 4, 연두색 숫자 6, 노란색 숫자 3을 찾아주세요.	⑥ 검은색 숫자 10, 초록색 숫자 1, 분홍색 숫자 9를 찾아주세요.

순서와 상관 없이 이야기를 들려주세요.

① 하나의 동전 지갑에는 **50원 1개, 100원 1개, 500원 1개**가 있어요.	② 수민이의 동전 지갑에는 **10원 1개, 100원 2개, 500원 1개**가 있어요.
③ 유경이의 동전 지갑에는 **50원 3개, 100원 1개, 500원 3개**가 있어요.	④ 하림이의 동전 지갑에는 **10원 3개, 100원 3개, 500원 2개**가 있어요.
⑤ 민지의 동전 지갑에는 **10원 2개, 50원 2개, 500원 1개**가 있어요.	⑥ 연진이의 동전 지갑에는 **10원 1개, 100원 1개, 500원 1개**가 있어요.

이야기를 들려주세요.

① 준하의 신발은
검은색이 아니며, 신발 끈이 없어요.

② 근형이의 컵은
초록색이 아니며, 손잡이가 없어요.

③ 진모의 장난감은
바퀴가 없고, 조립할 수 없어요.

순서와 상관 없이 이야기를 들려주세요.

① 지민이는 **하마**, **타조**, **코끼리**, **호랑이**를 좋아해요.	② 석우는 동물원에서 **사자**, **기린**, **캥거루**, **공작새**를 봤어요.
③ 재원이는 **닭**, **원숭이**, **앵무새**, **판다** 사진을 봤어요.	④ 제민이는 농장에서 **돼지**, **토끼**, **젖소**, **양**를 키워요.
⑤ 동혁이는 **사슴**, **코뿔소**, **얼룩말**, **오리**를 보고싶어서 동물원에 갔어요.	⑥ 충림이는 **악어**, **카멜레온**, **여우**, **낙타** 피규어를 좋아해요.

순서와 상관 없이 이야기를 들려주세요.

① 서윤이는 아침에 **우유**와 **계란**을 먹고, 점심에는 **스테이크**와 **샐러드**를 먹었어요.	② 희원이는 생일파티에서 **스파게티, 초밥, 짜장면**을 먹은 후에 **물**을 마셨어요.
③ 서현이는 생일 선물로 **곰인형, 생일카드, 연필, 로봇**을 받았어요.	④ 수정이는 크리스마스 선물로 **레고, 게임기, 여자인형, 크리스마스 카드**를 받았어요.
⑤ 소형이는 **모자**를 쓰고, **후드티**와 **패딩**을 입고, **털부츠**를 신고 외출 했어요.	⑥ 겸둥이는 백화점에서 **원피스**와 **바지**를 산 후, 집에 가서 **치킨**과 **피자**를 주문했어요.

이야기를 들려주세요.

① 미정이의 핸드폰 뒷자리 번호는 **4758** 입니다.

② 서율이의 핸드폰 뒷자리 번호는 **3029** 입니다.

③ 시온이의 핸드폰 중간자리 번호는 **7402** 입니다.

④ 태경이의 핸드폰 번호는 010-1993-**1203** 입니다.

⑤ 하성이 핸드폰 번호는 010-**2582**-7892 입니다.

이야기를 들려주세요.

① 지율이가 여행을 간 첫 번째 도시는 **서울**,
두 번째 도시는 **여수**, 세 번째 도시는 **대전**,
마지막 도시는 **부산**입니다.
지율이가 여행하지 않은 도시에 ○표 하세요.

② 건율이가 여행을 간 첫 번째 도시는 **순천**,
두 번째 도시는 **용인**, 세 번째 도시는 **목포**,
마지막 도시는 **울산**입니다.
건율이가 두 번째로 여행한 도시에 ○표 하세요.

③ 채율이가 여행을 간 첫 번째 도시는 **광주**,
두 번째 도시는 **경주**, 세 번째 도시는 **강릉**,
마지막 도시는 **천안**입니다.
채율이가 마지막으로 여행한 도시에 ○표 하세요.

순서와 상관 없이 이야기를 들려주세요.

① **물안경, 인형, 다이아몬드, 사탕, 마스크**를 찾아주세요.	② **가위, 모자, 가방, 돋보기, 나사**를 찾아주세요.
③ **리본, 샴푸, 자, 밴드, 지우개**를 찾아주세요.	④ **휴지, 약, 핸드폰, 게임기, 슬리퍼**를 찾아주세요.
⑤ **딱풀, 컵, 수건, 색연필, 시계**를 찾아주세요.	⑥ **체온계, 원피스, 손소독제, 빗, 편지지**를 찾아주세요.

이야기를 들려주세요.

① 5월 5일은 **놀이공원**에 가는 날 입니다.
5월 10일은 **나연이 생일**이고,
5월 19일은 **동준이 생일**입니다.
5월 22일은 **친구와 약속**이 있고,
5월 30일은 **동물원**에 가는 날 입니다.
이야기와 다른 일정을 찾아주세요.

② 7월 9일은 **준하 생일**이고,
7월 13일은 **베트남 여행**을 가는 날 입니다.
7월 24일은 **친구와 영화**를 보기로 했습니다.
7월 27일은 **아쿠아리움**에 가는 날이고,
7월 31일은 **수영장**에 놀러 가는 날입니다.
이야기와 다른 일정을 찾아주세요.

이야기를 들려주세요.

① 채연이가 여행을 간 첫 번째 나라는 **태국**,
두 번째 나라는 **베트남**, 세 번째 나라는 **인도네시아**,
네 번째 나라는 **일본**, 마지막으로는 **필리핀**입니다.
채연이가 여행하지 않은 나라에 ○표 하세요.

② 시현이가 여행을 간 첫 번째 나라는 **뉴질랜드**,
두 번째 나라는 **중국**, 세 번째 나라는 **벨기에**,
네 번째 나라는 **인도**, 마지막으로는 **프랑스**입니다.
시현이가 세 번째로 여행한 나라에 ○표 하세요.

③ 현지가 여행을 간 첫 번째 나라는 **영국**,
두 번째 나라는 **미국**, 세 번째 나라는 **핀란드**,
네 번째 나라는 **몽골**, 마지막으로는 **터키**입니다.
현지가 첫 번째로 여행한 나라에 ○표 하세요.

이야기를 들려주세요.

① 우태는 **1호선**을 타고,
신도림에서 **2호선**으로 환승 했어요.
충무로역으로 가야해서 **3호선**을 타야했는데,
5호선으로 잘못탔어요. 하지만 약속을 잘 마치고
4호선을 타고 집에 도착했어요.

② 동근이는 2호선을 타고,
사당역, 신도림역,
시청역, 건대입구역,
까치산역을 갔어요.